公共投資をめぐる経済と土木

山本　基
Motoi Yamamoto

亜紀書房

はしがき

　国が経済発展している時代には、公共投資への批判は顕在化しなかった。バブル経済が崩壊して経済が停滞する1990年代以降、公共投資は国の経済発展に貢献していないとして批判されるようになった。公共投資は国民生活や産業・経済活動に不可欠な社会資本の整備を通じて国の経済発展に貢献するが、そこには各種の社会資本整備が各地域の経済・産業活動の生産性を向上させ、また地域の人々の生活を向上させることを通じて地域の経済発展をもたらし、各地域の経済発展がまとまりを形成して国の経済発展につながるというプロセスがある。公共投資が批判されるようになったということは、このプロセスに変化が起きたことを意味する。

　公共投資をめぐって経済と土木の関係が希薄になってきたことがその背景にあると考えられる。公共投資をめぐる経済と土木が密接に関係して同じ国づくりの目標に向かって進んでいる時には、産業・経済活動が活発化し、国民生活が向上して国力が高められるが、公共投資をめぐる経済と土木の関係が希薄になると、公共投資が行われたとしても必ずしも国の経済発展には貢献しないということである。

　本書では、戦後の公共投資を考察することにより、公共投資をめぐる経済と土木の関係が希薄になるのに伴い公共投資が国の発展に結びつきにくくなってきたことを明らかにするとともに、経済と土木からみた今日の公共投資の課題を抽出し、国力を高めるための公共投資のあり方を検討している。

　本書は4章構成となっている。各章の概要は以下のとおりである。

　第1章では、戦後の各時期の公共投資の背景、特徴などを考察し、戦後の公共投資の歴史を概観している。その中で公共投資をめぐる変化として3点を指摘した。第1に、終戦後から1960年代

1

頃までの高度経済成長期には経済と土木の関係が密接であったが、1970年代のオイルショックの後頃から経済と土木の関係が希薄になってきたことである。第2に、国民所得倍増計画に基づいて太平洋ベルト地帯に公共投資が集中され、その後の5次にわたる全国総合開発計画では公共投資により地方の開発を進めて国土の均衡ある発展をめざしてきたが、2000年代以降は大都市圏を重視する方向に向かうなど、公共投資の重点地域が変化してきたことである。第3に、公共投資は、国の指導者が国民に対して将来目標を示し、経済計画が土木計画を誘導して計画的に行われることから、その時々の経済財政状況を勘案して行われるように変わってきていることである。

　第2章では、1960年代と1990年代の違いに着目し、公共投資と経済成長の関係について考察している。これにより、1960年代と1990年代の違いとして3点を示した。第1に公共投資の目的である。1960年代の公共投資では社会資本の充実を経済発展の基礎として位置づけ長期的な視点に立って国づくりが考えられていたのに対して、1990年代の公共投資では主にアメリカからの要求に応じて内需拡大のために公共投資を拡充することと、バブル経済崩壊後の景気回復が重視された。第2に目標へのプロセスである。1960年代には日本が先進国に至るキャッチアップの過程で国民所得倍増計画に基づいて公共投資の規模や内容が決められ計画的に土木事業が実施されたのに対して、1990年代は日米構造問題協議に伴うアメリカからの要求、バブル経済の崩壊による景気低迷、政治・社会の混乱という状況の中でその時々の目先の問題解決のために公共投資を含む経済対策が講じられた。第3に公共投資への国民の期待である。1960年代の公共投資では計画と目標を示して国民を誘導した政府の意思を国民が支持したのに対して、1990年代の公共投資には政府に対する国民の理解や支持がなかった、もしくは不足していた。

　第3章では、公共投資に関する経済と土木の考え方を整理し、

今日の公共投資の課題を考察している。公共投資をめぐって経済と土木の間には、国づくりの進め方や各地の自然的・社会的条件への関心、期待する効果と効果発現の期間、公共の役割に対する考え方などで違いがあるが、1960年代には国民所得倍増計画の目標をめざして経済と土木が密接に関連していたため、考え方の違いを乗り越えて相互に補完する関係にあったものの、今日では公共投資をめぐる経済と土木の関係が希薄になってきていることもあり、公共投資が国づくりに有効に活かされにくい状況となっている。このため、経済と土木からみた今日の公共投資の課題として、3点を提起した。第1に国力を高める公共投資を計画的に進めること、第2に国民が見て公共投資により地域が変わったと認識できること、第3に公共投資が国民から支持されることである。

　第4章では、日本の将来について多くの国民が国の発展を望んでいることを確認した上で、国の発展の基盤を築き国力を高める公共投資のあり方について考察している。前述の今日の公共投資の課題を踏まえた上で、公共投資を国の発展に結びつけるためには3点が重要である。第1に、過去からの趨勢に依拠するのではなく、日本の将来のあるべき国の姿を描き、それを支える社会資本を整備するための公共投資を行うことである。第2に、公共投資による社会資本整備が地域づくりに活かされている事例に学び、公共投資による社会資本整備の効果を地域の発展という視点で捉えることである。第3に、国の発展のために公共投資を総合的、計画的に進めるにあたって、社会資本整備を活かして地域を発展させるという目標を社会資本整備の主体、地域の自治体、住民等が共有することである。

　拙著「社会資本整備と国づくりの思想」では、日本の国土・国民には国を発展させる潜在的な力があり、その力を発揮させるためには、経済と土木を結合させて、あるべき国の姿を実現するために総合的・長期的な視点で社会資本整備を活かしていくことが重要であると述べていた。国土・国民の潜在的な力を活かすこと

3

により、日本はもっと国力を高めることができる。その基盤を形成する公共投資について、国の発展という同じ目標に向かって経済と土木が軌を一にすることが重要だというのが、本書の基本的な考え方である。

第1章

戦後の公共投資の流れ

　以下では1945～2018（昭和20～平成30）年の74年間を6つの時期に区分して、各時期の公共投資の背景、特徴などを整理し、戦後の公共投資の流れを概観する。

1. 1950年代まで（1945～1959年）

　1950年代まで（昭和20年代～昭和30年代前半まで）の公共投資の特徴として、3つがあげられる。第1に、戦争により国土が荒廃するとともに領土が減少したため、終戦直後は荒廃した国土の復元、海外からの引揚者等の受け入れ、食糧増産が緊急の課題となった。第2に、昭和20年代には台風や地震などの災害が多発したため、災害復旧にも公共投資の重点が置かれた。第3に、経済の回復に伴い昭和20年代後半には電源開発への関心が高まり、昭和30年代前半には道路、港湾、工業用水等の産業基盤の整備に重点が移るようになった。

（1）国土の復元と食糧増産

　戦災により日本の国土は著しく荒廃するとともに、戦争により領土を喪失したため、終戦直後の昭和20年代前半は戦災復興、荒廃した国土の復元、海外からの引揚者等の受け入れ、食糧増産が緊急の課題となった。

　わが国の主要な都市は空襲によって甚大な被害を受けていたため、昭和20（1945）年11月に戦災復興院が設置され、12月には戦災地復興計画基本方針が閣議決定され、昭和21（1946）年9月には特別都市計画法が制定されて115都市を対象に戦災復興事業が進められた。しかし、敗戦後の条件下で予算確保が困難で、資材・人材の不足も顕著となり、戦災復興計画の再検討を余儀なくされた。昭和24（1949）年6月に戦災復興都市計画の再検討に関する基本方針が閣議決定され、戦災復興再検討5ヵ年計画が策定されて、結局102都市、28,000haについて戦災復興事業が行われることに

なった。これによって主要な都市は廃墟から立ち直る第一歩を踏み出すことになった。

　一方、食糧増産に関しては、昭和20 (1945) 年11月に緊急開拓事業実施要領が閣議決定され、5年間で開墾面積155万町歩 (ha)、6年間で干拓面積10万町歩、3年間で土地改良面積210万町歩という計画が進められ、戦災者や引揚者の失業対策も兼ねて緊急に食糧増産対策が講じられた。また、昭和24 (1949) 年には土地改良法が制定され、農地改革により創設された自作農を支援する土地改良事業が各地で行われた。この結果、昭和30(1955)年には水稲収穫量は史上最高の1,200万トンを記録し、戦後の食糧危機を脱することに貢献した (図1-1)。

(2) 災害復旧

　昭和20年代には災害が頻繁に起こった。昭和20(1945)年9月の枕崎台風、昭和21 (1946) 年12月の南海地震、昭和22 (1947) 年9月のカスリーン台風、昭和23 (1948) 年6月の福井地震、9月のアイオン台風、昭和25 (1950) 年9月のジェーン台風、昭和26 (1951) 年10月のルース台風、昭和28 (1953)

図1-1　水稲の作付面積と収穫量の推移（1945〜2018年）

資料：農林水産省「作物統計」より作成

注：1970年から米の生産調整政策が行われた。

年6月の西日本水害、7月の南紀豪雨、昭和29（1954）年9月の洞爺丸台風
などが、全国各地に大きな被害を引き起こした。

　水害による死者・行方不明者の推移を見ると（図1-2）、戦時中に国土
保全のための投資が削減されていたことなどもあり、終戦後から昭和34
（1959）年の伊勢湾台風までの水害では犠牲者が多く出て、その後少なく
なっている。また、国民所得に対する水害被害額の比率の推移を見ても（図
1-3）、昭和20年代から昭和34年の伊勢湾台風までは高い値を示しており、

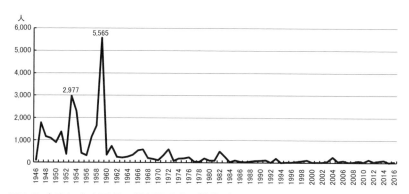

図1-2　水害による死者・行方不明者の推移（1946～2016年）
資料：国土交通省「水害統計調査」より作成

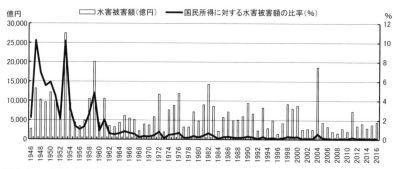

図1-3　水害被害額と国民所得に対する水害被害額の比率の推移
**　　　　（1946～2016年）**
資料：国土交通省「水害統計調査」より作成
注：国民所得及び水害被害額は平成23（2011）年基準の数値である。

災害が国の経済に大きな損害を与えていたことが分かる。

　昭和20年代の水害は明治以来の治水方式だけでは不十分であることを明らかにし、昭和24（1949）年2月に内務省治水調査会による主要直轄水系10河川の治水計画の答申がなされ、従来の治水に水資源開発を含めた多目的ダム方式への転換が行われた。昭和25（1950）年5月に国土総合開発法が制定され、21の特定地域でダム開発を含む河川総合開発が行われるようになった。

　昭和20年代には国の予算費目が変化するため、公共事業費に占める災害復旧費の割合を継続的に把握することはできないが、財務省の財政統計により把握可能な年度だけで比較すると、公共事業費に占める災害復旧費の割合は、昭和25（1950）年度には49.5％と公共事業費の約半分を占めていたが、その後、昭和28（1953）年度には40.7％、昭和29〜31（1954〜1956）年度36.5〜31.0％、昭和32〜34（1957〜1959）年度24.9〜23.9％と、昭和20年代末から昭和30年代前半にかけて低下した。

（3）経済発展に伴う社会資本の不足

　昭和21（1946）年に政府は石炭・鉄鋼生産に資材や資金を集中する傾斜生産方式を採用し、生産は拡大したが、巨額の資金投入はインフレを助長した。インフレを解決するため、昭和24（1949）年にドッジラインが発表されて財政金融引き締め政策が実施されると、不況により企業の倒産や失業者の増加が引き起こされた。しかし、昭和25（1950）年に朝鮮戦争が始まり、特需により景気が回復した。昭和26（1951）年以降、政府は電力、鉄鋼などに資金を投入したため、この分野での設備投資が急増した。昭和27（1952）年7月には電源開発促進法が公布され、同年9月に電源開発株式会社が設立されて電源開発が促進されることになった。

　昭和30〜32（1955〜1957）年の神武景気を経て日本経済は戦前の最高水準を回復したが、昭和31（1956）年度の経済白書は「もはや戦後ではない」と表明した。これは、戦後復興時代は終わり、景気は屈折点に差しかかっているという弱気の景気判断の表現であり、近代化により経済成長を促進

する必要性を説いたものであった。実際には日本経済はその後急速に発展し、経済発展を阻害する要因として道路、港湾事業の著しい立ち遅れと工業用水のひっ迫があい路として注目された。

　昭和32（1957）年に策定された新長期経済計画（昭和33〜37年度）では、長期経済発展に対応する社会資本投資について交通部門を中心に量的に把握し、これを基礎として総額1兆円の道路整備五ヵ年計画をはじめ計画に見合った投資が行われるようになった。これにより、経済計画が土木計画を誘導する計画プロセスが形成されるようになった。昭和29（1954）年度からの第1次道路整備五ヵ年計画は揮発油税収の見込みに基づいて決定されていたが、昭和33（1958）年度からの第2次道路整備五ヵ年計画以降は国の経済計画に基づいて決定されることになった。

　国の公共事業関係費の内訳を見ると（表1-1）、昭和29〜34（1954〜1959）年度に、治山治水の割合は24.7％から20.1％に低下し、食糧増産の割合も22.0％から13.3％へと低下し、災害復旧の割合も36.5％から24.9％へと低下したのに対して、道路港湾の割合は16.2％から41.2％へと大幅に上昇した。昭和20年代の公共事業は、国土保全対策、食糧増産対策、災害復旧対策としての意味合いが強かったが、昭和30年代前半には産業基盤の形成という視点で考えられるようになってきた。

表1-1　公共事業関係費の推移（1954〜1959年度）

年度	公共事業関係費（億円）	公共事業関係費の内訳					公共事業関係費／一般会計予算の割合
		治山治水	道路港湾	食糧増産	災害復旧	その他	
昭和29（1954）	1,632	24.7%	16.2%	22.0%	36.5%	0.6%	16.3%
昭和30（1955）	1,410	24.3%	22.4%	16.2%	36.2%	0.9%	13.9%
昭和31（1956）	1,419	25.1%	25.3%	17.4%	31.0%	0.6%	13.0%
昭和32（1957）	1,645	22.6%	36.2%	16.3%	24.2%	0.6%	13.9%
昭和33（1958）	1,817	21.2%	37.3%	16.0%	23.9%	1.7%	13.6%
昭和34（1959）	2,485	20.1%	41.2%	13.3%	24.9%	0.5%	16.4%

資料：財務省「財政統計」より作成
注：当初予算と補正予算の合計値である。

2. 1960年代（1960～1969年）

　1960年代（昭和30年代後半～昭和40年代前半）には、経済成長に伴い大都市圏への投資や人口集中が進み、太平洋ベルト地帯の産業基盤を整備して日本経済をさらに牽引させることが公共投資の主要な課題となった。また、1960年代後半には高度経済成長の過程で大都市圏の過密と地方圏の過疎の問題や公害問題が注目されるとともに、大都市圏と地方圏の間の所得や生活水準の格差是正も課題となった。

（1）国民所得倍増計画に基づく産業基盤の整備

　経済発展に伴い社会資本の不足は大都市を中心に顕著であった。貨物の輸送分担率の推移を見ると（図1-4）、昭和30（1955）年から昭和35（1960）年にかけて、鉄道が51.2％から39.9％に低下したのに対して、自動車は11.6％から15.2％に、内航海運は37.2％から44.9％に上昇した。道路では、道路整備五ヵ年計画により道路投資額は増えたが、輸送量の増加はさらに急激であった。港湾では、取り扱い貨物量の伸びに投資が追い付かず、主要港湾では滞留、滞貨が慢性化していた。例えば、昭和36（1961）年8月には、東京、横浜、名古屋、大阪、神戸の5港合計のバース待ち船数が一日平均110隻となっていた。[1)]

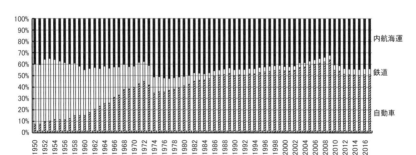

図1-4 貨物の輸送機関別輸送分担率の推移（1950～2017年度）

資料：国土交通省「交通関連統計資料集」より作成
注：トンキロベースの数値である。

　昭和35（1960）年に策定された国民所得倍増計画では、道路、港湾、用地、用水等の社会資本が生産資本に対して相対的に立ち遅れ、成長のあい路になっているとして、経済成長を実現する上で公共投資により社会資本の充実を図ることを最重要の課題として位置づけ、昭和36〜45（1961〜1970）年の10年間に産業基盤を中心に総額16兆1,300億円の投資を行うことが計画された。昭和38（1963）年度の経済白書では、昭和30年代に社会資本の立ち遅れが顕在化した理由として、第1に戦時中、戦後にかけて長い空白期間があり、社会資本の過去の蓄積が乏しかったこと、第2に昭和30（1955）年頃以降の民間設備投資の行き過ぎた成長による著しい経済の拡大が社会資本に対する需要の予想以上の急膨張を招いたことが指摘されていた。

　国民所得倍増計画は、日米安保闘争に混乱した政治の時代が終わり、経済の時代の到来を印象づけた。昭和30年代にはダム、水資源開発、道路、空港、港湾等に関する法律が制定され、高度経済成長を支える基盤整備が進められた。これにより、東京、大阪をはじめとする太平洋ベルト地帯の重化学工業を中心に日本を牽引する国の形が形成された。当時、日本経済の成長戦略として軽工業化と重化学工業化の対立があり、均衡財政派は繊維等の軽工業を中心に投資を少なく堅実に成長する戦略を主張したのに対して、池田内閣は投資をエンジンにして経済成長を図る鉄鋼・機械等の重化学工業化を採用し、ドッジラインとの整合を図るために、税とは別の財源として財政投融資を活用して重化学工業化のための基盤整備を進めた。[2]昭和39（1964）年の東京オリンピックは、大都市の高速道路、新幹線等の社会資本整備を進める上での目標になった。土木事業は空前の盛況を呈し、1950年代から70年代にかけては、土木黄金時代とさえ称されるほどの活力に漲っていた。[3]

　国民所得倍増計画では主に大都市圏での産業基盤を整備することにより高度成長の実現をめざすこととされたが、経済計画が要求していた水資源開発、電源開発、道路整備、空港整備、港湾整備、臨海工業用地造成等といった要求に対して土木が対応し、高度経済成長のための産業基盤を築い

た。これにより、経済計画が先行して国土計画を誘導し、さらに地域計画
や都市開発計画へと波及する計画プロセスができあがった。[4] 経済計画の
要求に対して土木が対応し、高度経済成長のための産業基盤を築くことに
より、経済と土木は密接な関連を持つようになった。

(2) 大都市の生活・都市基盤の整備

　日本が農村社会から工業化する中で、地方から大都市圏に人口が吸引さ
れ、安価な労働力を市場に提供するとともに、人口移動と世帯数の増加に
より耐久消費財の内需が生み出されて高度経済成長が実現した。昭和41
（1966）年には日本の人口は1億人を突破し、昭和44（1969）年には日本の
国民総生産は世界第2位となった。

　国民所得倍増計画が進行する過程で都市問題や公害などの問題が発生
し、成長政策の手直しが求められ、昭和40（1965）年の中期経済計画では
産業基盤整備とともに住宅・生活環境整備も重視されるようになった。大
都市では急増する交通需要に対応するため、地下鉄や都市高速道路の建設
が進められるとともに、国鉄や私鉄を含めて郊外から都心部への交通網の
整備拡充も行われた。また、住宅需要も莫大で、予想を上回る人口の都市
集中、土地価格の高騰、核家族化の傾向などが重なって大都市の住宅問題
が深刻化した。このため、昭和38（1963）年制定の新住宅市街地開発法に
基づき創設された新住宅市街地開発事業や土地区画整理事業等により、日
本住宅公団などによって3大都市圏で大阪の千里ニュータウンや東京の多
摩ニュータウンなど大規模ニュータウン開発が進められた。さらに昭和30
年代後半以降は、都市化に伴う大都市や工業地帯での水不足が発生し始
め、水資源開発公団などが洪水調節のほか、都市用水、工業用水などを供
給するための多目的ダムを各地で建設した。

　1960年代の国の公共事業関係費は、当初予算と補正予算を合わせて昭和
35（1960）年度の3,067億円から昭和44（1969）年度には1兆2,028億円へと
約3.9倍に増大した（表1−2）。1960年代（昭和35〜44年度）の一般会計予
算に占める公共事業関係費の割合は17.4〜19.8％であり、前期1950年代（昭

表1-2　公共事業関係費の推移（1960～1969年度）

年度	公共事業関係費（億円）	公共事業関係費の内訳								公共事業関係費／一般会計予算の割合
		治山治水	道路整備	港湾漁港空港整備	住宅対策	生活環境施設整備	農業基盤整備	災害復旧等	その他	
昭和35（1960）	3,067	21.7%	29.1%	6.7%	–	–	12.7%	26.1%	3.7%	17.4%
昭和136（1961）	3,907	18.9%	35.9%	6.1%	–	–	11.9%	23.4%	3.8%	18.5%
昭和37（1962）	4,539	18.1%	39.2%	6.9%	–	–	12.3%	19.2%	4.3%	17.7%
昭和38（1963）	5,423	18.0%	41.6%	7.3%	–	–	12.1%	16.3%	4.7%	17.7%
昭和39（1964）	6,090	16.4%	45.0%	7.5%	–	–	12.4%	13.4%	5.4%	18.2%
昭和40（1965）	6,944	17.3%	43.8%	7.9%	–	–	13.3%	12.0%	5.7%	18.5%
昭和141（1966）	8,878	16.3%	40.6%	7.4%	5.5%	3.0%	12.4%	11.5%	3.5%	19.8%
昭和42（1967）	10,180	16.5%	41.0%	7.6%	6.4%	3.4%	12.8%	9.5%	2.8%	19.6%
昭和43（1968）	10,655	16.6%	40.7%	7.9%	6.5%	3.7%	13.1%	8.7%	2.9%	18.0%
昭和44（1969）	12,028	16.9%	41.4%	8.2%	6.6%	4.0%	13.5%	6.5%	2.9%	17.4%

資料：財務省「財政統計」より作成
注：当初予算と補正予算の合計値である。

和25～34年度）の11.2～16.4％を上回った。なお、昭和41（1966）年度からは国の公共事業費に住宅対策費と生活環境施設整備費が設けられ、昭和44（1969）年度には住宅対策費が6.6％、生活環境施設整備費が4.0％を占めるようになった。

（3）大都市と地方の格差是正

　大都市圏が牽引して日本経済が発展する一方で、地方から大都市への人口流出や、大都市圏と地方圏の所得や生活水準の格差是正が課題となった。地方の開発を促進するため、昭和32（1957）年に東北開発促進法、昭和34（1959）年に九州地方開発促進法、昭和35（1960）年に北陸地方、中国地方、四国地方の各開発促進法が制定された。これらの法律に基づく地域開発計画は、公共部門の先行的な投資によって産業の基盤を整備し、特に第2次産業の誘致育成を中心とする産業振興方策を講ずることによって地域の所得上昇を意図するものであった。

　しかし、昭和40（1965）年の1人当たり県民所得を見ると（図1-5）、概して東京都、大阪府、神奈川県、愛知県などの大都市圏では全国平均を上

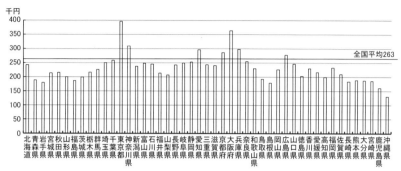

図1-5 1人当たり県民所得（1965年）

資料：内閣府「県民経済計算」及び総務省統計局「国勢調査」より作成

回り、地方圏では全国平均を下回り、地域間の違いがあることが分かる。

　国民所得倍増計画では、太平洋ベルト地帯を中心に産業基盤を整備して日本経済を牽引させる方針が示されたが、これに対して太平洋ベルト地帯以外の地帯から反発が出て、昭和37（1962）年に全国総合開発計画が策定された。全国総合開発計画では地域間の均衡ある発展という目標が掲げられ、新産業都市については太平洋ベルト地帯以外の地域が指定されて拠点開発が進められたが、工業整備特別地域については太平洋ベルト地帯内の地域が指定されるなどして、結果として太平洋ベルト地帯への集中が助長されることにもなった。

　このため、昭和44（1969）年に策定された新全国総合開発計画では、高速道路や新幹線等のネットワークを整備するとともに、大規模開発プロジェクトにより大規模工業基地、食糧基地、レクリエーション基地などを整備することにより、大都市圏と地方圏の地域格差の解消をめざすこととした。

3. 1970年代（1970〜1979年）

　1970年代（昭和40年代後半〜昭和50年代前半）当初は前期1960年代に引き続き大都市圏と地方圏の所得や生活水準の格差是正が課題となっていたが、昭和48（1973）年の第1次オイルショック後の総需要抑制政策により公共事業予算が抑制され、戦後初のマイナス成長となったため、景気対策が経済政策の重要な課題になった。また、公害問題や金権政治などを背景として開発行政への批判が高まり、国土政策が転換するとともに、経済成長よりも生活環境に配慮した安定成長を重視する考え方が強まることになった。

（1）景気変動への対応

　昭和48（1973）年10月の第4次中東戦争を契機に、アラブ産油国はイスラエル支援国への原油禁輸と原油価格の引き上げを発表した。原油価格は最高で4倍に上昇したため、中東原油に大きく依存していた日本では石油だけでなく、連鎖的にさまざまな物資の価格が急騰した。また、昭和54（1979）年2月にもイラン革命をきっかけとして第2次オイルショックが起

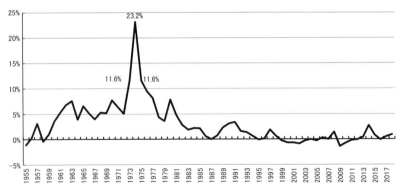

図1-6 消費者物価の対前年変化率の推移（1955〜2018年）

資料：1955－1970年は内閣府「長期経済統計」、1971－2018年は内閣府統計局「消費者物価指数」より作成

こった。

　この時期、昭和48（1973）年から昭和50（1975）年にかけて、急激なインフレが起こった。消費者物価の上昇率は昭和48（1973）年が11.6％、昭和49（1974）年が23.2％、昭和50（1975）年が11.6％であった（図1-6）。このインフレは主として昭和48年10月以降のオイルショックによって引き起こされたと考えられがちであるが、実際にはオイルショック以前にインフレが進行し、オイルショックによって加速されたということであった。[5]

　福田蔵相が命名した「狂乱物価」に対して、政府は金融引き締めと財政支出の抑制で対応した。公定歩合は昭和49（1974）年12月に7％から9％まで引き上げられ、田中首相がめざした積極的な昭和49年度予算編成は急きょ総需要抑制に転じ、その中でも比較的弾力的に動かせるものとして公共事業関係費が圧縮され、多くの公共事業は工期を延期するなどして対応することを余儀なくされた。公定歩合の引き上げと総需要抑制により急激なインフレは収まったが、実質国内総生産（GDP）は昭和49年度に戦後初めて対前年マイナス0.5％を記録した（図1-7）。

　このため、景気対策が経済政策の重要な課題となり、昭和52（1977）年9月には福田内閣で公共事業の追加等を内容とする総合経済対策が決定さ

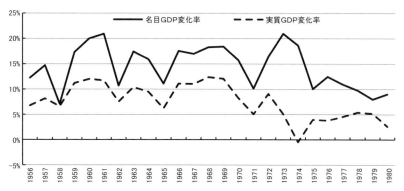

図1-7　国内総生産の対前年変化率の推移（1956〜1980年度）

資料：内閣府「国民経済計算確報」より作成

れ、昭和52年度には2次にわたる補正予算が、昭和53年度にも補正予算が組まれた。しかし、公共事業の拡大にもかかわらず、昭和52年は在庫を調整する局面にあったため、最終需要の増加がメーカー、流通段階での過剰在庫の取り崩しによって賄われ、メーカーの生産・出荷の増加に結びつかなかった。この結果、1980年代には財政再建が重要な政策課題となった。

　公共投資は政府の歳入に制約されるため、年により変動しやすいが、オイルショックにより総需要抑制となり、その後景気回復のために公共投資を追加するというように、景気動向によって公共投資額が大きく左右されることは完成までに長期間を要する社会資本の整備にとって望ましい状況ではなかった。

(2) 国土政策の転換

　昭和44 (1969) 年に策定された新全国総合開発計画では、開発方式として「ネットワーク＋大規模開発プロジェクト方式」が採用された。これは、新幹線や高速道路等の全国的なネットワークを整備するとともに、大規模な畜産基地、工業基地、エネルギー基地、流通施設、レクリエーション基地等の大規模開発プロジェクトを推進することによって、国土利用の偏在を是正し、過密・過疎問題、地域格差を解消することをめざしたものであった。また、昭和45 (1970) 年の新経済社会発展計画では、社会資本整備についてナショナルミニマムの拡充が最重要課題とされ、公共投資は地方圏に重点配分して、地域格差を是正する方針が示された。このため、昭和45 (1970) 年に全国新幹線鉄道整備法が、昭和46 (1971) 年には農村地域工業導入促進法が、昭和47 (1972) 年には工業再配置促進法が制定されるなどして、全国的なネットワーク基盤の整備と大都市から地方への工場の分散が図られることになった。

　昭和47 (1972) 年に発表された田中角栄「日本列島改造論」は、新全国総合開発計画の考え方をより具体化し、工業再配置と交通・情報通信の全国的なネットワークの形成により、人口と産業の地方分散を推進し、過密と過疎の解消を図ろうとするものであった。しかし、昭和49 (1974) 年に田

表1-3 公共事業関係費の推移 (1970〜1979年度)

年度	公共事業関係費(億円)	公共事業関係費の内訳								公共事業関係費／一般会計予算の割合
		治山治水	道路整備	港湾漁港空港整備	住宅対策	生活環境施設整備	農業基盤整備	災害復旧等	その他	
昭和45(1970)	14,099	16.8%	41.6%	8.3%	6.8%	4.5%	13.4%	5.7%	3.0%	17.2%
昭和46(1971)	18,838	16.4%	40.3%	8.4%	6.8%	6.4%	13.1%	5.8%	2.8%	19.5%
昭和47(1972)	26,410	16.0%	37.9%	8.1%	6.3%	7.6%	12.3%	9.2%	2.6%	21.8%
昭和48(1973)	28,487	15.6%	36.6%	8.3%	7.1%	8.0%	12.1%	9.3%	3.0%	18.7%
昭和49(1974)	29,649	15.2%	35.0%	8.1%	8.9%	9.4%	11.8%	8.7%	2.9%	15.4%
昭和50(1975)	33,137	16.2%	31.3%	7.8%	9.5%	9.7%	12.4%	10.3%	2.8%	15.9%
昭和51(1976)	37,923	15.9%	30.2%	7.4%	10.2%	10.3%	12.1%	11.1%	2.7%	15.4%
昭和52(1977)	49,848	16.1%	29.5%	7.2%	9.5%	12.6%	12.8%	9.6%	2.6%	17.0%
昭和53(1978)	58,031	16.9%	30.4%	7.6%	10.2%	13.8%	13.4%	4.7%	2.9%	16.8%
昭和54(1979)	66,569	16.7%	29.4%	7.9%	10.7%	14.3%	13.5%	4.6%	2.9%	16.8%

資料：財務省「財政統計」より作成
注：当初予算と補正予算の合計値である。

中内閣は金脈問題で総辞職し、昭和51 (1976) 年に田中前首相がロッキード事件で逮捕されたことにより、オイルショックなども相まって国土政策は影響を受けることになった。

　昭和52 (1977) 年に国土庁によって策定された第三次全国総合開発計画では、「人間居住の総合的環境の整備」が基本目標とされ、定住構想が採用された。これは、自然環境、生活環境、生産環境の調和のとれた人間居住の総合的環境の形成を図るとともに，大都市への人口・産業の集中の抑制と地方の振興により過密・過疎問題に対処しながら新しい生活圏を確立するというものであった。第三次全国総合開発計画では、工業再配置に加えて、大学等の教育機関、高次の医療機能、文化機能、中枢管理機能の適正配置が重要な課題であるとされた。

　第三次全国総合開発計画では、新全国総合開発計画や日本列島改造論に示されたネットワークや開発の考え方が後退したことと、国は全国44ヵ所をモデル定住圏として指定するものの定住圏づくりは地域が主体となって行うこととしたことが特徴としてあげられる。国土政策は、国が主導して新たなものを創り出す方向から、地域が主体となって既存のものをベース

に少しずつ積み上げていく方向へと転換したと考えられる。

　1970年代の国の公共事業関係費は、昭和45（1970）年度の1兆4,099億円から昭和54（1979）年度には6兆6,569億円へと約4.7倍に拡大された（表1－3）。1970年代（昭和45〜54年度）の一般会計予算に占める公共事業関係費の割合は15.4〜21.8％であり、前期1960年代（昭和35〜44年度）の17.4〜19.8％と大きな違いはなかった。公共事業関係費の内訳を見ると、道路、港湾などの産業基盤の割合は低下傾向にある一方で、住宅、生活環境などの生活関連の割合が上昇傾向にあることが分かる。

（3）高度成長から安定成長への転換

　昭和48（1973）年10月に第1次オイルショックが起こり、オイルショックを千載一遇のチャンスと考えた石油業界や総合商社等による価格の引き上げや売り惜しみなどもあり、国民はトイレットペーパーや洗剤を買い求めるなどのパニックに陥った。政府は昭和48年11月に石油緊急対策要綱を閣議決定し、消費節約運動の展開、石油・電力の10％使用節約、便乗値上げ・不当利得の取締り、総需要抑制策と物価対策の強化等を推進した。このため、ネオンサインの消灯、エレベーターの使用中止、ガソリンスタンドの日曜休業、地下鉄駅の蛍光灯の間引き、テレビの深夜放送の休止などが行われ、世の中が暗くなり、人の気持ちも沈んでいった。この日本人の沈んだ気持ちを捉えて、小松左京「日本沈没」や五島勉「ノストラダムスの大予言」など終末観を煽るような小説や映画が流行り、さくらと一郎の曲「昭和枯れすすき」がミリオンセラーになるなどして、世相をさらに暗くした。

　昭和47（1972）年の首相就任時には高等小学校卒の総理大臣として国民に絶大な人気のあった田中角栄が昭和49（1974）年に金権政治で退陣し、昭和51（1976）年にロッキード事件で逮捕されると、地価高騰やインフレの原因もすべて田中角栄が背負わされ、日本列島改造論も開発型行政も批判されるようになった。これに対して、福祉が重視されるようになった。

　1960年代後半に大都市圏の都府県や政令指定都市などで革新自治体が

誕生し、個人の生活を重視する福祉施策を展開したため、政府や与党も福祉の充実に取り組むことになり、昭和48（1973）年に年金や医療保険制度の給付が大幅に充実され、福祉元年と呼ばれた。また、第1次オイルショックを契機に、高度成長から安定成長に移行するとともに、国民の要求も経済成長から生活の充実へと変化した。一般会計予算に占める公共事業関係費と社会保障関係費の割合の推移を見ると（図1-8）、昭和49（1974）年を境に、傾向として公共事業の割合が低下する一方で、社会保障の割合は上昇することになる。

また、この時期は人口増加が抑制され始めた時期でもある。当時の国の指導者は当面の社会不安を抑えるために人口増加を抑制しながら安定成長路線へと国民を誘導した。昭和49（1974）年の人口白書「日本人口の動向」では、副題が「静止人口をめざして」とされ、人口増加を抑止することをめざし、同年の第1回日本人口会議では「子供は2人まで」という大会宣言がマスコミで報じられるなど、政府は人口増加を抑制する姿勢を示した。[6] さらに、内閣府「人間と国土に関する世論調査」（昭和50年12月）でも、オイルショック後の国民の気持ちが沈んだ時期に、表1-4のような質問内容と回答項目を設定して人口増加に関する調査が誘導的に行われ、人

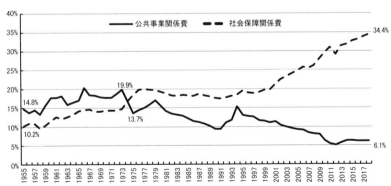

図1-8　一般会計予算に占める公共事業関係費と社会保障関係費の割合の推移
　　　　（1955〜2018年度）

資料：財務省「財政統計」より作成
注：当初予算の数値である。

25

表1-4 人口の増加に関する世論調査

［質問項目］現在の日本の人口は1億1千万人ですが、30年くらい後には今の3割ほどふえて1億4千万人ぐらいになるだろうと予想されています。これに関連して、日本の将来について、このような2つの考えがありますが、あなたのお考えは、このどちらに近いでしょうか。

日本は優秀な人間が資源だから、人口がふえればそれだけ人材が豊富になるので日本の将来は明るい	日本にそんなに人口がふえると、食糧、住宅、エネルギーなどの問題が深刻になり、生きていくのがむずかしくなる	わからない
13.2%	65.2%	21.5%

資料：内閣府「人間と国土に関する世論調査」（昭和50年12月）

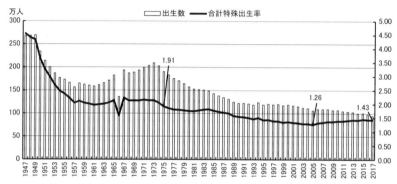

図1-9 出生数と合計特殊出生率（1947〜2017年）

資料：厚生労働省「人口動態統計」より作成
注：昭和47（1972）年以前は沖縄県を含まない。

口増加を抑制する意見が多くなる結果を示している。

　こうした政府の取り組みにより、合計特殊出生率は、昭和50（1975）年には1.91と2を割り込み、その後、出生数が減少し、人口が減少してきた（図1-9）。オイルショックに加えて、高度経済成長の過程で公害問題が起こり、経済成長や開発への批判が強まるとともに、経済成長よりも福祉を重視する国民の意識が高まってきたこと等を背景として、将来のリスクをできるだけ少なくするようにして、短期的に安全側の安定成長路線が選択されることになった。

4. 1980年代（1980～1989年）

　1980年代（昭和50年代後半～平成元年）には財政再建や行財政改革が重要な政策課題となった。また、政府の関与を少なくし、競争原理を導入して市場に委ねるのがいいという新自由主義の考え方が欧米諸国で広まり、日本でも国鉄、電電公社、専売公社の民営化が行われ、民間活力の活用が重視されるようになった。一方で、1980年代後半には、日米経済摩擦への対応として内需拡大が重視され、民間活力を活用した公共投資が推進されることになった。

(1) 行財政改革に伴う公共投資の抑制

　1970年代後半には第1次オイルショックからの経済回復を図るために公共投資が増大したが、1980年代になると鈴木内閣や中曽根内閣が財政再建や行財政改革の目標を掲げて緊縮的な財政運営を行った。公共事業は第2次臨時行政調査会の行政改革による歳出削減の対象となり、公共投資は抑

表1-5　公共事業関係費の推移（1980～1989年度）

年度	公共事業関係費（億円）	公共事業関係費の内訳								公共事業関係費／一般会計予算の割合
		治山治水	道路整備	港湾漁港空港整備	住宅対策	下水道環境衛生等施設整備	農業基盤整備	災害復旧等	その他	
昭和55（1980）	68,010	16.2%	28.2%	7.8%	11.8%	14.2%	13.2%	5.7%	2.8%	15.6%
昭和56（1981）	70,012	15.8%	27.2%	7.5%	12.0%	14.1%	12.9%	7.8%	2.7%	14.9%
昭和57（1982）	72,813	15.2%	26.0%	7.2%	12.1%	13.6%	12.3%	11.1%	2.6%	15.3%
昭和58（1983）	72,243	15.3%	26.2%	7.3%	12.4%	13.7%	12.5%	10.1%	2.6%	14.2%
昭和59（1984）	68,820	16.0%	27.6%	7.6%	13.3%	14.2%	13.0%	5.7%	2.7%	13.4%
昭和60（1985）	69,223	15.6%	26.8%	7.4%	13.4%	14.0%	12.7%	7.4%	2.6%	13.0%
昭和161（1986）	69,463	15.9%	26.3%	7.4%	13.5%	14.2%	12.8%	7.2%	2.6%	12.9%
昭和62（1987）	74,280	16.4%	26.7%	7.6%	13.0%	14.9%	13.0%	5.8%	2.6%	12.8%
昭和163（1988）	66,830	15.9%	26.1%	7.4%	13.9%	14.1%	12.8%	7.2%	2.6%	10.8%
平成元（1989）	73,989	14.6%	24.1%	6.9%	20.8%	12.9%	11.7%	6.7%	2.3%	11.2%

資料：財務省「財政統計」より作成
注：当初予算と補正予算の合計値である。

制されることになった。1980年代（昭和55～平成元年度）の国の公共事業
関係費は、昭和55（1980）年度の6兆8,010億円から平成元（1989）年度に
は7兆3,989億円へと増加したが、その伸びは約9％増にとどまった（表1
－5）。1980年代の一般会計予算に占める公共事業関係費の割合は10.8～
15.6％であり、前期1970年代（昭和45～54年度）の15.4～21.8％を下回った。
　一方で、土木事業の巨大化により、土木事業が自然環境や社会環境に与
える影響が大きくなったため、住民の環境問題への関心が高まる中で、土
木事業は住民運動や環境問題などにも対応することが求められるように
なった。このため、土木事業のコストは増大することになったが、公共事
業予算の削減により、多くの大規模プロジェクトは工期を延期するなどし
て対応することを余儀なくされた。
　例えば、整備新幹線（東北新幹線の盛岡～青森間、北海道新幹線の青
森～札幌間、北陸新幹線の東京～大阪間、九州新幹線の福岡～鹿児島間
及び福岡～長崎間）は、全国新幹線鉄道整備法に基づき昭和48（1973）年
に整備計画が決定していたが、昭和57（1982）年に当時の経済状況に鑑み、
その着工が閣議決定により凍結された。その後、経済状況の好転や地域か
らの建設要望の高まりに対応して整備新幹線の凍結が解除されたのは、昭
和62（1987）年のことであった。

（2）政府の関与の抑制と民間活力の活用

　1930年代の世界恐慌を経て、自由経済だけでうまくいくとは限らないと
いう認識のもと、政府の役割が拡大されてきたが、1970年代に2度のオイ
ルショックがあり、欧米諸国では経済の悪化が目立ってきた。このため、
欧米諸国では経済の再活性化を図るため、市場メカニズムの活用による民
間活力の向上をめざして政府規制のあり方が再検討されることになった。
政府の関与を少なくし、競争原理を導入して市場に委ねるのがいいという
新自由主義の考え方が欧米諸国に広まり、イギリスではサッチャー政権が
国営企業の民営化、規制緩和などを行った。
　日本でも、中曽根内閣が国鉄、電電公社、専売公社の民営化などを行う

とともに、民間活力の活用に注目して規制緩和や財政・金融面から民活支援を行った。政府は昭和61（1986）年に民間事業者の能力の活用による特定施設の整備の促進に関する臨時措置法（民活法）を、昭和62（1987）年に総合保養地域整備法（リゾート法）を制定し、日本銀行は昭和62年に公定歩合2.5％という当時としては超低金利政策を実施した。しかし、プラザ合意以降、国内の製造業などの資金需要は減退しており、だぶついた資金は土地や株式に投資され、騰貴を招くことになった。地価公示により3大都市圏の住宅地と商業地の平均価格の推移を見ると（図1-10）、1980年を100とした指数は、1980年代後半に上昇し、1991年にピークに達し、その後急落したことが分かる。

　なお、昭和58（1983）年に経済企画庁が発表した「1980年代経済社会の展望と指針」には、従来の経済計画に用いられてきた「計画」という名称が用いられなくなった。わが国は自由な競争を基本原理とした市場経済を基調としており、不確実性と事態の変化に弾力的に対応する計画であるとの性格をより明確にするため「展望と指針」という名称にしたことが記されている。また、従来の経済計画には計画期間中の公共投資額が記載されていたが、昭和58年の「1980年代経済社会の展望と指針」から記載されなくなっ

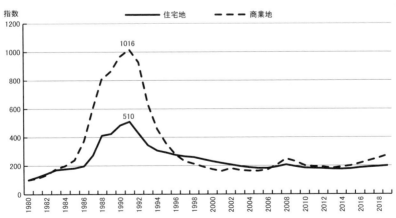

図1-10　3大都市圏の住宅地・商業地の平均価格の推移（1980年＝100とした指数）
資料：国土交通省「地価公示」により作成

た。公共の役割を抑制し、民間活力を活用する考え方が強まってきたことを示している。

（3）日米経済摩擦と内需拡大

　輸出が日本経済を牽引するにつれて、昭和52（1977）年にアメリカから日本製カラーテレビの集中豪雨的輸出を非難され、昭和55（1980）年に日本の自動車生産台数が世界一になるなどして、日米間の貿易摩擦が問題となってきた。日本は対米輸出自主規制で対応したが、経済摩擦はさらに激化し、財政赤字と貿易赤字に悩むアメリカの要請に基づいて昭和60（1985）年に主要国がプラザ合意に基づいて為替相場に介入することになった。これ以降、円高が急速に進み、日本の輸出産業は深刻な影響を受け、製造業は海外投資や海外での現地生産を行うようになった。

　一方、昭和61（1986）年に前川レポート（中曽根首相の私的諮問機関である経済構造調整研究会がとりまとめた報告書）は、日米経済摩擦の打開策として、輸出主導型の日本経済を内需主導型へ転換し、内需拡大、規制緩和、国民生活の質的向上を図ることを提唱した。このうち、内需拡大については、住宅対策及び都市再開発事業の推進、消費生活の充実、地方における社会資本整備の推進が提起された。この前川レポートを受けて、昭和61年の総合経済対策では民活が内需拡大の柱とされ、民活プロジェクトが推進されることになった。

　第3セクター方式等の民間活力を活用するため、規制緩和、低利融資、税制上の特例措置などの法制度が整備され、民間資金の国土基盤投資への誘導が図られた。昭和63（1988）年度には、電電公社の民営化に伴うNTT株式の売り払い収入を活用すること等により公共投資が拡大され、以後緩やかではあるが投資額は増加基調となった。しかし、前述のとおり、プラザ合意以降の円高により国内の製造業の空洞化が進行し、だぶついた資金は土地や株式に投資され、騰貴を招くことになった。東京等の大都市を中心とした著しい地価上昇により、公共事業でも用地費の占める割合が増大し、基盤整備の遅れが懸念される事態となった。

5. 1990年代（1990～1999年）

　平成2（1990）年にはアメリカからの要求に応えて内需拡大等のため平成
3（1991）年から10年間に430兆円を投資する公共投資基本計画が策定され、
生活環境に重きを置き、地方を重視した公共投資が行われ、それに加えて
バブル経済崩壊後の景気対策としての公共投資も行われた。その一方で、
自然環境の破壊、政官財の利権構造、国・地方自治体の財政悪化、分野別
の公共事業の硬直性等のさまざまな面から公共事業批判が行われるように
なり、その批判にも公共投資は対応せざるを得なくなった。

(1) 公共投資基本計画に基づく公共投資

　平成2（1990）年の日米構造問題協議の中で、累積する対日貿易赤字を抱
えていたアメリカは、日本の投資資金を国内にふりむけさせ対米黒字を縮
小させるとともに、日本の大規模公共事業にアメリカ企業を参入させるこ
となどをねらいとして、日本の内需拡大とそのための社会資本整備の強化
を日本に迫った。これを受けて、海部内閣は平成3（1991）年度から10年間
で総額430兆円という公共投資基本計画を閣議了解した。その後、アメリ
カからのさらなる要求に応えて、公共投資基本計画は平成6（1994）年に村
山内閣により改定され、平成7（1995）年からの10年間に総額630兆円とい
う規模に拡大された。[7]

　公共投資基本計画では、公共投資を下水道、都市公園、廃棄物処理施設、
住宅・宅地の整備等の「生活環境・福祉・文化機能」に重点的に配分し、
1980年代に50％台前半であった「生活環境・福祉・文化機能」の割合を
60％台前半にさせることとした。また、地域別には国土の均衡ある発展を
図ることを基本に地域間格差の是正に留意し、東京圏には新たな集中を招
くことがないよう配慮することが明記されていた。公共投資基本計画では、
生活環境・福祉・文化機能に関する公共投資に重点が置かれ、地方を重視
した配分が行われた。

　このため、国の公共事業関係費は平成2（1990）年度の7兆132億円から

表1-6　公共事業関係費の推移（1990～1999年度）

年度	公共事業関係費（億円）	公共事業関係費の内訳								公共事業関係費／一般会計予算の割合
		治山治水	道路整備	港湾漁港空港整備	住宅対策	下水道環境衛生等施設整備	農業基盤整備	災害復旧等	その他	
平成2（1990）	70,132	15.5%	25.5%	7.3%	13.3%	13.7%	12.4%	9.9%	2.4%	10.1%
平成3（1991）	73,434	15.6%	25.9%	7.4%	13.3%	14.1%	12.4%	8.9%	2.4%	10.4%
平成4（1992）	98,529	16.7%	27.0%	7.5%	12.0%	16.5%	13.0%	4.5%	2.8%	13.8%
平成5（1993）	150,569	16.6%	27.0%	7.2%	10.4%	17.2%	13.4%	5.4%	2.8%	19.4%
平成6（1994）	127,707	16.0%	25.0%	7.0%	11.8%	15.7%	14.0%	7.2%	3.2%	17.4%
平成7（1995）	142,164	14.8%	25.3%	6.5%	13.3%	15.3%	12.1%	9.5%	3.1%	18.2%
平成8（1996）	112,175	15.9%	26.2%	6.9%	14.8%	16.4%	13.8%	2.6%	3.4%	14.1%
平成9（1997）	105,253	15.3%	26.5%	7.0%	13.7%	16.7%	12.8%	4.0%	4.0%	13.4%
平成10（1998）	148,555	14.9%	28.0%	6.9%	13.6%	17.6%	10.6%	4.7%	3.6%	16.9%
平成11（1999）	122,351	14.8%	27.4%	6.9%	14.0%	15.7%	11.0%	4.8%	5.5%	13.7%

資料：財務省「財政統計」より作成

注：当初予算と補正予算の合計値である。

平成5（1993）年度には2倍以上の15兆569億円へと増加したが、その後平成9（1997）年度には約3割減って10兆5,253億円となり、平成11（1999）年度には12兆2,351億円となった（表1-6）。一般会計予算に占める公共事業関係費の割合は、平成2年度から平成5年度にかけて10.1%から19.4%へと上昇したものの、その後は年によって上下した。

（2）景気対策としての公共投資

平成2（1990）年に政府は不動産向け融資の総量規制を行い、日本銀行も金融引き締めを行ったため、バブル経済は崩壊し不況となった。このため、1990年代には平成4（1992）年3月の緊急経済対策から平成11（1999）年11月の経済新生対策に至るまで10本の経済対策が講じられ、その中で前述の公共投資基本計画に基づく公共投資や景気回復のための公共投資が行われた。

しかし、1990年代の公共投資は、景気回復や税収増をもたらすことができず、公債発行を増やして国や地方自治体の財政の悪化を招いた。このた

め、財政構造改革を掲げた橋本内閣は、平成9（1997）年に「財政構造改革の推進について」を閣議決定し、公共投資基本計画については計画期間を3年間延長することとし、これにより投資規模の実質的縮減を図るとともに、公共事業関係の長期計画についても見直しを行うこととした。また、平成10（1998）年度の公共投資予算については、前年度比7％マイナスの額を上回らないこととされ、財政構造の集中改革期間中に各年度その水準の引き下げを図ることとされた。

　平成9（1997）年には財政構造改革の推進に関する特別措置法（財政構造改革推進法）が制定され、公共事業関係予算の重点化・効率化の基本方針のもと、公共投資関係費の量的縮減目標や公共事業関連計画における事業量の実質的縮減が記された。しかし、景気が後退し、さらに平成9年のアジア通貨危機に端を発した国際的な金融不安にも見舞われたため、橋本内閣は平成10（1998）年度予算成立直後に総合経済対策を発表した。また、平成10年に発足した小渕内閣は財政構造改革推進法の施行を停止させるとともに、補正予算により再び景気対策としての公共事業を復活させたため、公共事業関係費は増大することになった。

（3）公共事業批判への対応

　全国総合開発計画が理念としてきた「国土の均衡ある発展」の考え方のもと、平成3（1991）年に高速道路延長が5,000kmを突破し、平成9（1997）年に東京湾アクアライン、平成10（1998）年に明石海峡大橋、平成11（1999）年に西瀬戸自動車道が開通した。また、鉄道では平成3（1991）年に東北・上越新幹線が大宮から上野へ延伸開業し、平成4（1992）年に山形新幹線、平成9（1997）年に秋田新幹線が開業した。さらに、空港では平成3（1991）年に庄内空港、平成5（1993）年に石見空港、平成10（1998）年に大館能代空港、平成15（2003）年に能登空港、平成21（2009）年に静岡空港と地方空港が次々と開港した。

　一方で、バブル経済が崩壊した1990年代初め頃から公共事業批判が目立つようになった。自然環境に関する人々の関心が高まり、長良川河口堰、

吉野川第十堰改築事業、諫早湾干拓事業など大規模公共事業に反対する運動が各地で行われるようになった。また、平成5〜6（1993〜1994）年のゼネコン汚職事件により、官公庁や地方自治体が発注する公共事業が、談合を通じて建設・土木業界に膨大な利益をもたらし、その利益の一部が政治家や自治体の首長に献金や賄賂の形で流されていたことが明らかになり、公共事業に対する国民の見方は厳しくなった。さらに、公共投資基本計画や景気対策としての公共投資が国や地方自治体の財政悪化をもたらしたとの批判も高まってきた。

　全国総合開発計画が進めてきた開発政策も批判され、1990年代には全国総合開発計画はもう要らないという意見がマスコミ報道で示されたこともあり、平成10（1998）年に策定された「21世紀の国土のグランドデザイン」ではどこでどのような開発政策を行うのかが示されずに抽象性の高いものとなった。昭和62（1987）年の第四次全国総合開発計画までは人口、土地利用、産業構成等の計画のフレームを設定した上で、公共投資の規模や経済の規模が計画に盛り込まれていたが、21世紀の国土のグランドデザインでは財政再建政策のもと、計画のフレームはなく、公共投資の規模や経済の規模が計画に示されなくなった。「日本土木史−平成3年〜平成22年−」は、21世紀の国土のグランドデザインが国土政策を引っ張っていく力を失っていったことを指摘し、経済政策と軌を一にしない国土政策を担保する社会システムが欠けていた故であろうと述べている。[8]

　平成10（1998）年度の経済白書では、わが国の社会資本水準は先進諸国に比べてなお立ち遅れており、中長期的な生活の安定や産業基盤整備のため社会資本を着実に整備していく必要があるが、中期的な財政構造改革の中で社会資本形成の効率性を高めていくための方法として、費用対効果を活用した事業評価、事業の効率化、公共事業の入札・契約制度の改善、公共投資配分の硬直性の排除、民間の力の活用などが必要であることを指摘している。これを受けて、平成10年には道路事業で費用便益分析マニュアルが策定され、平成11（1999）年には港湾事業で、平成12（2000）年には河川事業でも策定されるなど、公共事業の客観性・透明性を示す取り組み

が進められるようになった。また、平成11年に民間資金等の活力による公共施設等の整備等の促進に関する法律（PFI法）が制定され、社会資本に関する民間活力の導入が促進されるようになった。

6. 2000年代以降（2000～2018年）

　2000年代にはバブル経済崩壊後の不況により景気回復が課題となっていたが、地方を中心に公共投資を行っても景気回復には結びつかず、公共事業批判が強まる中で、小泉構造改革では公共投資を経済や財政と整合性のとれたものとすべきとして公共投資の抑制が行われた。また、それまでの「国土の均衡ある発展」という国づくりの方向から都市再生等により大都市圏を中心に経済成長を牽引させる方向に政策が転換し、公共投資の重点化・効率化が進められるようになった。さらに、公共投資関係の計画の見直し、全国総合開発計画の見直し、公共投資基本計画の廃止等が行われ、その時々の経済財政状況により公共投資が決められるようになった。

（1）構造改革等に伴う公共投資の抑制

　前述のとおり平成10（1998）年度の経済白書では、わが国の社会資本の水準は欧米先進国に比べて立ち遅れていると記していたが、平成13（2001）年に発足した小泉内閣は同年に閣議決定した「今後の経済財政運営及び経済社会の構造改革に関する基本方針」の中で、公共投資の問題点として分野別の配分の硬直性や国主導のため依存体質を生む仕組みがあること、受益者負担が少なく必要性の低い公共投資が行われがちであること、投資規模が欧米諸国などと比べて高いことなどをあげ、公共投資の水準を経済や財政と整合性のとれたものとすべきとした。この結果、国の公共事業関係費は減少傾向となった。公共事業関係費は、平成12（2000）年度の11兆4,737億円から平成20（2008）年度には7兆2,824億円へと37%減少した（表1−7）。

表1-7　公共事業関係費の推移（2000～2018年度）

年度	公共事業関係費（億円）	公共事業関係費の内訳									公共事業関係費／一般会計予算の割合
		治山治水	道路整備	港湾空港鉄道整備	住宅都市環境整備	公園水道廃棄物処理等施設整備	農業基盤整備	社会資本総合整備	災害復旧等	その他	
平成12(2000)	114,737	15.8%	28.8%	7.2%	12.8%	16.6%	11.1%	－	3.8%	4.0%	12.8%
平成13(2001)	99,063	14.9%	25.3%	6.7%	16.2%	17.5%	10.9%	－	3.9%	4.8%	11.5%
平成14(2002)	99,679	16.1%	26.0%	7.2%	16.8%	16.6%	10.0%	－	2.8%	4.6%	11.9%
平成15(2003)	83,006	14.6%	25.0%	6.9%	18.0%	16.6%	10.6%	－	3.4%	4.9%	10.1%
平成16(2004)	89,027	13.9%	20.9%	6.5%	19.6%	14.5%	9.5%	－	10.4%	4.8%	10.2%
平成17(2005)	80,154	14.3%	21.6%	6.9%	21.9%	14.3%	9.7%	－	5.0%	6.3%	9.2%
平成18(2006)	77,770	14.5%	22.1%	6.8%	21.8%	13.5%	9.4%	－	4.7%	7.3%	9.3%
平成19(2007)	73,960	14.6%	22.2%	7.1%	22.5%	13.3%	9.1%	－	3.7%	7.5%	8.8%
平成20(2008)	72,824	14.4%	21.0%	7.7%	22.9%	13.1%	9.2%	－	3.9%	7.8%	8.2%
平成21(2009)	87,872	14.1%	17.6%	8.2%	34.6%	10.6%	6.7%	－	1.5%	6.6%	8.6%
平成22(2010)	63,588	11.6%	17.4%	6.4%	8.4%	3.8%	10.3%	37.5%	2.2%	2.3%	6.6%
平成23(2011)	78,269	9.7%	15.0%	4.6%	7.9%	2.3%	6.5%	23.3%	29.5%	1.3%	7.3%
平成24(2012)	69,978	14.6%	20.6%	6.1%	7.0%	2.7%	12.1%	32.0%	3.5%	1.5%	7.0%
平成25(2013)	63,245	12.7%	19.1%	6.2%	6.8%	3.8%	10.8%	36.0%	3.3%	1.4%	6.4%
平成26(2014)	64,058	13.6%	21.2%	6.7%	10.4%	2.4%	9.4%	32.0%	3.2%	1.1%	6.5%
平成27(2015)	65,470	14.1%	21.3%	6.8%	8.8%	2.6%	10.7%	32.0%	2.7%	1.0%	6.6%
平成28(2016)	75,476	12.6%	20.5%	6.5%	8.0%	2.6%	10.6%	31.9%	6.4%	0.9%	7.5%
平成29(2017)	69,721	13.3%	20.9%	6.6%	7.8%	2.3%	10.9%	32.1%	5.2%	0.9%	7.0%
平成30(2018)	75,536	13.7%	19.3%	6.3%	7.7%	2.3%	10.5%	30.8%	8.5%	0.9%	7.5%

資料：財務省「財政統計」より作成
注：当初予算と補正予算の合計値である。

　一般会計予算に占める公共事業関係費の割合は、平成12年度の12.8％から平成20年度には8.2％へと4.6ポイント減少した。特に道路整備の割合の減少が著しく、平成12年度から平成20年度にかけて28.8％から21.0％へと7.8ポイント減少した。
　また、平成21（2009）年に発足した鳩山内閣は、「コンクリートから人へ」という理念のもと、公共事業政策の方針転換を表明し、前政権下で成立した平成21（2009）年度第一次補正予算の執行停止や平成22（2010）年度概算要求の組み替え減額を行い、その後の民主党政権下では行政刷新会議に

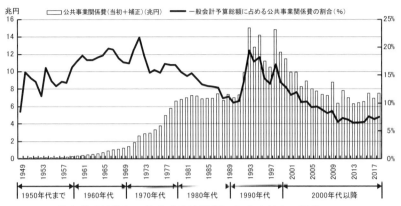

**図1-11 公共事業関係費と一般会計予算総額に占める割合の推移
　　　　（1949〜2018年度）**

資料：財務省「財政統計」より作成
注：公共事業関係費は当初予算と補正予算の合計値である。

よる事業仕分けにより、公共事業の廃止、縮減、見直し等が行われた。なお、平成22年度予算では、地域主権の確立に向けた予算制度の抜本見直しの一環として、国土交通省所管の地方公共団体向け個別補助金を一つの交付金に一括し、地方公共団体にとって自由度が高く、創意工夫を活かすことができる総合交付金として社会資本総合整備交付金が創設された。

　平成21（2009）年度から平成25（2013）年度にかけて、公共事業関係費は8兆7,872億円から6兆3,245億円へと28％減少し、一般会計予算に占める公共事業関係費の割合は8.6％から6.4％へと2.2ポイント減少した。平成24（2012）年に発足した安倍内閣では、金融緩和、財政出動、成長戦略の3本の矢の経済政策（いわゆるアベノミクス）を打ち出し、平成26（2014）年度から公共事業関係費を若干増加させたが、2000年代以降公共投資は抑制傾向にある（図1-11）。

（2）公共投資の重点化・効率化

　小泉内閣では平成14（2002）年に「構造改革と経済財政の中期展望」を閣議決定し、真に必要な分野に投資を集中する公共投資の配分の重点化を進

めた。小泉内閣では全国総合開発計画以来続いてきた「国土の均衡ある発展」からの方向転換が示され、地方での開発を促進したり、大都市での集積を制限してきた法律は役割を終えたとして、平成13（2001）年に新産業都市建設促進法と工業整備特別地域整備促進法が、平成14（2002）年に工場等制限法が、平成18（2006）年に工業再配置促進法が廃止された。これに代わり、平成13年に内閣に都市再生本部が設置され、平成14年には都市再生特別措置法が施行されて、首都圏を含めて都市再生が推進されることになった。戦後の国土計画は、東京など大都市圏への集中を抑止し、公共投資により地方の開発を進めることによって「国土の均衡ある発展」をめざしてきたが、小泉内閣の方針転換により、公共投資が削減される中で公共投資は大都市圏を中心に効率性を重視して進められることになった。

　大都市圏により日本経済を牽引させる考え方は、平成26（2014）年に国土交通省が公表した「国土のグランドデザイン2050」にも反映されている。2050年を見据えた国土づくりの方向を示したこの計画では、コンパクト＋ネットワークで国土づくりを進めるとともに、日本経済を牽引するエンジンとして3大都市圏を核としたスーパーメガリージョンを形成し、そのエネルギーを対流の促進により全国で活用しようという考え方が示されている。

　大規模な公共事業や地方の道路整備に対する批判が高まる中、平成20（2008）年には海峡横断プロジェクトの調査が中止になるとともに、道路特定財源制度は廃止され、平成21（2009）年度から一般財源化する方針となった。マスコミ報道の主流は無駄を省き、効率を重視せよという論調になった。もう日本中に道路は整備されていて地方に道路は必要ない、そのお金があるなら都会の道路の混雑緩和に役立てるべきだなどという報道が続いた。こうしたマスコミ報道等が世論を誘導した結果、少ない費用でできるだけ多くの効果が上がることが良いこととされ、費用対効果を重視する風潮が強まってきた。

　さらに、平成21（2009）年に発足した民主党政権の事業仕分けなどにより、事業評価や事業の効率性がさらに重視され、人口や需要が少ない地方での事業は抑制されることになった。その後、平成23（2011）年に発生した東

日本大震災以降、国土強靱化計画などにより防災の視点からの土木事業や、ミッシングリンクの道路整備など空白地域を埋めるナショナルミニマム充足のための土木事業が行われるようになってきている。

(3) 公共投資関連の計画の見直し

小泉内閣では、平成14(2002)年の「構造改革と経済財政の中期展望」の中で、公共事業関係の計画に関する必要性の見直し、事業量目標から成果目標への転換、全国総合開発計画の見直し、公共投資基本計画の廃止を行うこととした。

この結果、平成15(2003)年度より、それまで分野ごとに定められていた9つの長期計画(道路、交通安全施設、空港、港湾、都市公園、下水道、治水、急傾斜地、海岸)を一本化して5年ごとの社会資本整備重点計画を定めることになった。また、平成17(2005)年に国土総合開発法が国土形成計画法に置き換えられたが、国土形成計画法では、開発よりも既にあるものの有効活用等に施策の重点を置くべきとの考え方に基づき、「開発」という言葉は一切使われなくなった。

また、昭和30(1955)年から平成12(2000)年までは経済計画が策定されていたが、平成13(2001)年以降は、国家戦略室を設置して対応した民主党政権下を除いて、経済財政運営については経済財政諮問会議で検討され、毎年度「経済見通しと経済財政運営の基本的態度」が閣議決定されている。経済財政諮問会議では公共投資についても議論されてきたが、その時々の経済社会情勢を踏まえて公共投資を重点化、効率化することが議論の中心になっている。

今日、公共投資により産業基盤や生活基盤といった社会資本の整備を行うことが国づくりの基礎であるという考え方が薄らいできており、中長期的な国づくりをめざして経済計画に基づく公共投資を行うという考え方から、その時々の経済社会情勢に対応する経済財政主導の公共投資という方向に移行している。

7. 公共投資をめぐる3つの変化

　戦後の公共投資の歴史を概観して、以下の3つの変化を指摘することができる。

(1) 経済と土木の関係

　第1に、終戦後から1960年代の高度経済成長期には経済と土木の関係が密接であったが、1970年代のオイルショックの後頃から経済と土木の関係が希薄になってきた。

　戦後は荒廃した国土の復元、海外からの引揚者等の受け入れ、食糧増産が公共投資の緊急の課題となり、昭和20年代には台風や地震などの災害が多発し、災害復旧にも重点が置かれた。なお、昭和20年代に台風災害が多発した要因として、戦時中に治山・治水事業が行われなかったことが指摘されており、公共投資による社会資本整備を継続的に行うことの必要性を示している。さらに昭和30年代前半からは、経済発展を阻害する要因として道路、港湾事業の著しい立ち遅れと工業用水のひっ迫があい路として注目され、昭和35 (1960) 年の国民所得倍増計画では公共投資により道路、港湾、用地、用水等の社会資本の充実を図ることが最重要の課題として位置づけられた。

　また、高度経済成長の過程では地方から大都市圏への人口集中や産業集積が行われ、大都市では工業用地、工業用水等の産業基盤の整備とともに、交通、住宅、上下水道等の生活基盤への要求が高まった。これに対処するために、河川、道路、港湾、空港の整備、ダム建設、上下水道整備、ニュータウン開発、住宅建設等の社会資本整備が大都市圏で集中的に行われた。昭和39 (1964) 年の東京オリンピックと昭和45 (1970) 年の大阪万博は大都市圏の社会資本整備の目標となった。

　高度経済成長期の大都市圏への集中的な社会資本整備は農村社会の日本を工業化し、地方から大都市圏への人口移動をもたらし、人口移動と世帯数の増加は賃金水準の上昇とともに耐久消費財の需要を拡大し、日本の

高度経済成長を増進させた。経済計画が要求した産業基盤や生活基盤という社会資本の充実について土木が応え、高度経済成長のための基盤を築いたという点で、経済と土木は密接に関連していた。

しかし、高度経済成長の過程で日本経済は内需中心からアメリカなど海外への輸出中心にシフトし、オイルショックを契機に輸出が日本経済を牽引する傾向が強まった。昭和52（1977）年にアメリカからテレビの集中豪雨的輸出が非難され、日米間では農産物、自動車、半導体等の貿易摩擦が激しくなった。昭和60（1985）年のプラザ合意以降、急激な円高が進み、日本の製造業は国内から海外投資や海外での現地生産を行うようになり、国内産業の空洞化が進んだ。

それにもかかわらず、平成2（1990）年の日米構造協議で市場開放、公共事業へのアメリカ企業の参入を求められた日本は、平成3（1991）年度から10年間に430兆円を投資する公共投資基本計画により地方中心に生活関連の公共投資を行うことになった。1990年代にはバブル経済崩壊後の景気対策としても公共投資が行われたが、産業の空洞化やバブル経済の崩壊等により疲弊した地方に公共投資を行っても、景気回復にはつながらず、国と地方自治体の財政悪化を招いて、特に地方への公共投資は無駄だと批判されるようになった。

1990年代以降も土木事業が行われ、東北、九州、北陸で新幹線が開業したり、各地に空港が開港したり、空白地帯であった地域に高速道路が開通するなどしており、地元の人々にとっては念願がかなって喜ばしいことと考えられるが、大都市圏から始まった社会資本整備の順番がようやく回ってきて、地方でも順送りの、ナショナルミニマム充足型の社会資本整備が行われても、日本経済全体の発展には結びつきにくい。公共投資により産業基盤や生活基盤といった社会資本の整備を行うことが国づくりの基礎であるという考え方が薄らいできた。

（2）公共投資の重点地域

第2に、国民所得倍増計画では太平洋ベルト地帯に公共投資が集中され、

　その後の5次にわたる全国総合開発計画では公共投資により地方の開発を
進めて「国土の均衡ある発展」をめざしてきたが、平成13（2001）年以降は
大都市圏を重視する方向に向かうなど、公共投資の重点地域がその時々で
変化してきた。

　昭和35（1960）年の国民所得倍増計画は、東京、大阪をはじめとする太
平洋ベルト地帯に社会資本を重点的に整備することによって、民間経済の
成長を誘導し、日本の経済成長を牽引させるものであった。これに対して
太平洋ベルト地帯以外の地域から反発が出て、昭和37（1962）年の全国総
合開発計画では地域間の均衡ある発展という基本目標が掲げられ、新産業
都市の指定など拠点開発方式による地域開発が行われた。また、昭和44
（1969）年の新全国総合開発計画やそれを具体化した昭和47（1972）年の日
本列島改造論では、高速道路や新幹線等のネットワークや大規模開発プロ
ジェクトの整備により、大都市圏と地方圏の地域格差の解消をめざした。

　しかし、昭和48（1973）年のオイルショックを契機に、日本経済が高度
成長から安定成長に移行するのに伴い、地方の開発政策は見直しを求めら
れ、昭和52（1977）年に策定された第三次全国総合開発計画では大都市へ
の人口・産業の集中の抑制と地方の振興をめざして定住構想が採用される
ことになったが、これは従来の計画に比べて工業開発色の性格が弱いもの
であった。昭和62（1987）年の第四次全国総合開発計画では、東京への一
極集中を是正し、国土の均衡ある発展を達成するため多極分散型国土の形
成が基本目標とされ、高規格幹線道路14,000kmや空港整備などが明示さ
れ、地方の地域開発に対する期待は高まった。第四次全国総合開発計画の
施策を支援するため、昭和63（1988）年に多極分散型国土形成促進法が制
定されたほか、昭和62年に総合保養地域整備法（リゾート法）、昭和63年
に頭脳立地法、平成4（1992）年に地方拠点都市地域整備等促進法などの
新たな地域開発法が制定され、各地で地域開発プロジェクトが具体化され
たが、バブル経済の崩壊に伴い、これらの地域開発プロジェクトの中には
計画の変更や中止を余儀なくされたものが少なくなかった。

　公共事業批判が起こり、全国総合開発計画が進めてきた開発政策が批判

を受ける中で平成10（1998）年に21世紀の国土のグランドデザインが策定
されたが、公共投資の規模の数値は示されず、国土計画制度の見直しが提
起されることになった。また、1990年代には公共投資基本計画に基づいて
生活関連の公共投資が国主導で地方中心に行われ、バブル経済崩壊後の景
気対策として公共投資や緊急雇用対策が行われた。この過程で、地方の地
方自治体は公共投資への依存度を高め、財源を地方債と地方交付税に頼る
ようになり、財政を悪化させるとともに、国への依存度を高めることによ
り地方自治体としての自立性・自主性を弱めてきた。

　戦後の全国総合開発計画では、東京など大都市圏への集中を抑止し、公
共投資により地方の開発を進めることにより「国土の均衡ある発展」をめざ
してきたが、平成13（2001）年に発足した小泉内閣では「国土の均衡ある
発展」からの方向転換が示され、公共投資が削減される中で、公共投資は
大都市圏を中心に効率性を重視して進められることになった。平成21
（2009）年に発足した民主党政権では、事業仕分けなどにより、事業評価や
事業の効率性が重視され、人口や需要が少ない地方で公共投資を行うこと
はさらに難しくなった。

　平成26（2014）年に国土交通省が公表した「国土のグランドデザイン
2050」では、2050年を見据えて、コンパクト＋ネットワークで国土づくり
を進めるとともに、日本経済を牽引するエンジンとして3大都市圏を核と
したスーパーメガリージョンを形成し、そのエネルギーを対流させること
により全国で活用するという考え方が示されている。大都市圏に日本経済
を牽引させる考え方が強まってきている。

（3）公共投資の計画性

　第3に、国の指導者が将来目標を示し、経済計画が土木計画を誘導して
計画的に公共投資を行うのではなく、その時々の経済財政状況を勘案して
柔軟に対応する方向に変わってきている。

　昭和32（1957）年の新長期経済計画及び昭和35（1960）年の国民所得倍
増計画により、経済計画が土木計画を誘導する計画プロセスが形成された。

　新長期経済計画では長期経済発展に対応する社会資本投資を量的に把握して、これを基礎として道路整備5ヵ年計画などで公共投資が行われた。また、国民所得倍増計画は、日米安保闘争に混乱した政治の時代が終わり、経済の時代の到来を印象付けた。国の指導者は、国民に対して頑張って働けば明日は今日よりも暮らしが良くなると国民に希望を与えるとともに、太平洋ベルト地帯の基盤整備を進めて、重化学工業化の推進により、日本を高度経済成長に導いた。当時の指導者による重化学工業化の選択や財政投融資の活用も、高度経済成長を実現する上で重要な要素であった。

　しかし、1970年代に2度のオイルショックがあり、欧米諸国では経済の悪化が目立つようになり、1980年代には政府の関与を少なくし、競争原理を導入して市場に委ねるのがいいという新自由主義の考え方が世界に広まり、日本でも中曽根内閣で国鉄・電電公社・専売公社の民営化、民間活力の活用、規制緩和等が行われた。これを受けて、昭和58（1983）年の「1980年代経済社会の展望と指針」では従来の経済計画に用いられてきた「計画」という名称が用いられなくなり、計画期間中の公共投資額も記載されなくなった。公共の役割を限定し、自由な競争を基本原理とした市場経済を基調とする考え方が強まってきた。

　また、財政再建政策を掲げる橋本内閣のもと、平成10（1998）年の21世紀の国土のグランドデザインでは、計画のフレームもなく、投資の規模や経済規模についても示されなくなった。平成20（2008）年に策定された国土形成計画（全国計画）でも投資規模や具体的なプロジェクトは示されておらず、平成27（2015）年に策定された第二次国土形成計画（全国計画）でも投資規模や数値目標は示されていない。

　平成13（2001）年に発足した小泉内閣は同年に閣議決定した「今後の経済財政運営及び経済社会の構造改革に関する基本方針」の中で、公共投資の水準を経済や財政と整合性のとれたものとすべきとした。平成13年以降、国家戦略室を設置して対応した民主党政権下を除いて、経済財政運営については経済財政諮問会議で検討され、毎年度「経済見通しと経済財政運営の基本的態度」が閣議決定されている。

　昭和30年代から40年代半ば頃までの高度経済成長期には、経済計画も国土計画も産業基盤や生活基盤の整備を公共投資の役割として位置づけ、計画的な公共投資が経済発展に貢献する国づくりが進められてきたが、1980年代後半頃から公共投資の計画性が排除されるようになり、今日では公共投資はその時々の経済財政状況を勘案して経済財政主導で扱われるようになってきている。

<注>
1) 竹内良夫「港をつくる」92-93頁
2) 野口悠紀雄「戦後日本経済史」61-65頁
3) 日本土木史編集委員会編「日本土木史-昭和41年～平成2年-」2-3頁
4) 高橋裕「現代日本土木史　第二版」153頁
5) 1973～1974年のインフレの主要因について、小宮隆太郎は1970年以降の為替政策と金融政策が不適切であったことによるとしている（小宮隆太郎「昭和四十八、九年インフレーションの原因」（小宮隆太郎「現代日本経済-マクロ的展開と国際経済関係-」東京大学出版会、1988年、1-61頁）。
6) 鬼頭宏「図説人口で見る日本史」169-170頁
7) 大石久和「社会資本の整備の歴史と展望-戦後社会資本整備史-」（土木学会誌Vol.97 No.11、2012年）によると、公共投資基本計画による実際の執行額は、1991～2000年で約120兆円、1995～2007年で135兆円程度にすぎなかったという。
8) 日本土木史編集特別委員会編「日本土木史-平成3年～平成22年-」2頁

経済と土木の主要年表①（1945 ～ 1959年）

年	経済関連	土木関連	一般的事項
1945年		11月　戦後復興院設置 11月　緊急開拓事業実施要領閣 　　　議決定 12月　戦災地復興計画基本方針 　　　閣議決定	8月　終戦 9月　枕崎台風 10月　幣原内閣発足 11 ～ 12月 GHQが財閥解体、 　　　農地改革などを指令
1946年	2月　金融緊急措置令公布 12月　石炭・鉄鋼を中心とする 　　　傾斜生産方式を開始	9月　特別都市計画法公布	5月　第1次吉田内閣発足 5月　食糧メーデー 12月　南海地震
1947年			5月　片山内閣発足 9月　カスリーン台風
1948年			3月　芦田内閣発足 6月　福井地震 9月　アイオン台風 10月　第2次吉田内閣発足
1949年	3月　ドッジライン発表 4月　公式為替レート1ドル360 　　　円の設定 8月　シャウプ税制勧告 12月　外国為替・外国貿易管理法 　　　公布	6月　戦災復興都市計画の再検 　　　討に関する基本方針閣議 　　　決定 6月　土地改良法公布 6月　日本国有鉄道発足	8月　キティ台風
1950年	7月　朝鮮戦争特需の始まり 11月　電気事業再編令公布	5月　国土総合開発法公布 5月　港湾法公布 11月　電気事業再編成令・公益 　　　事業令公布	6月　朝鮮戦争始まる 9月　ジェーン台風
1951年		5月　9電力会社発足	5月　GHQが対日ガリオア援助 　　　打ち切り 9月　サンフランシスコ講和条 　　　約・日米安全保障条約調印 10月　ルース台風
1952年	1月　日本開発銀行設立 6月　長期信用銀行法公布 8月　日本がIMF、世界銀行に 　　　加盟	6月　道路法改正公布 6月　道路整備特別措置法公布 7月　東京国際空港（羽田）供用 7月　電源開発促進法公布 9月　電源開発株式会社設立	
1953年		8月　港湾整備促進法公布	6月　西日本水害 7月　朝鮮戦争休戦
1954年		7月　日本住宅公団設立	9月　洞爺丸台風 12月　鳩山内閣発足
1955年	9月　日本がGATT加盟 12月　経済自立5ヵ年計画策定 　　　（鳩山閣）	3月　日本道路公団設立 4月　首都圏整備法成立	5月　紫雲丸事故
1956年	1月　電源開発6ヵ年計画 7月　経済白書が「もはや戦後 　　　ではない」	4月　空港整備法公布 5月　海岸法公布 6月　工業用水法公布 9月　佐久間ダム完成	8月　ワトキンス・レポート 12月　石橋内閣発足
1957年	2月　租税特別措置法制定 12月　新長期経済計画策定 　　　（岸内閣）	4月　特定多目的ダム法公布 4月　国土開発縦貫自動車道建 　　　設法公布 4月　高速自動車国道法公布 5月　東北開発促進法公布 6月　水道法公布	2月　岸内閣発足
1958年		3月　関門国道トンネル開通 3月　道路整備緊急措置法公布 3月　大阪国際空港供用 4月　工業用水道事業法公布 8月　道路構造令公布	9月　鹿野川台風
1959年		3月　九州地方開発促進法公布	9月　伊勢湾台風

経済と土木の主要年表②（1960 ～ 1974年）

年	経済関連	土木関連	一般的事項
1960年	1月 政府、貿易・為替自由化の基本方針決定 12月 国民所得倍増計画策定（池田内閣）	3月 治山治水緊急措置法公布 4月 北陸地方開発促進法公布 4月 中国地方開発促進法公布 4月 四国地方開発促進法公布	1月 新日米安全保障条約調印 7月 池田内閣発足
1961年		3月 港湾整備緊急措置法公布 9月 愛知用水事業完成 11月 災害対策基本法公布 11月 水資源開発促進法、水資源開発公団法公布	9月 第二室戸台風
1962年		5月 水資源開発公団設立 5月 新産業都市建設促進法公布 10月 全国総合開発計画閣議決定	
1963年		7月 名神高速道路栗東～尼崎間開通 7月 近畿圏整備法公布 7月 新産業都市13箇所、工業整備特別地域6箇所決定 7月 新住宅市街地再開発法公布	
1964年	4月 日本がIMF8条国に 4月 日本がOECDに加盟	7月 新河川法公布 7月 工業整備特別地域整備促進法公布 10月 東海道新幹線開業	10月 東京オリンピック 11月 佐藤内閣発足
1965年	1月 中期経済計画策定（佐藤内閣） 10月 蔵相、戦後初めて2,590億円の赤字国債の発行を表明	7月 新東京国際空港公団設立 7月 名神高速道路全線開通	6月 日韓基本条約調印
1966年	11月 アジア開発銀行設立	7月 中部圏開発整備法公布	3月 日本の人口1億人突破
1967年	3月 経済社会発展計画策定（佐藤内閣）		8月 公害対策基本法公布
1969年	6月 経企庁、GNP世界第2位と発表	5月 新全国総合開発計画閣議決定 5月 東名高速道路全区間開通（東京から大阪まで高速道路で連結）	
1970年	5月 新経済社会発展計画策定（佐藤内閣）	5月 全国新幹線整備法公布 7月 本州四国連絡橋公団設立	3月 大阪で日本万国博覧会開催 12月 水質汚濁防止法公布
1971年	8月 ニクソンショック 10月 日米繊維交渉妥結 12月 スミソニアン合意、円切り上げ		
1972年	6月 工場再配置促進法公布	3月 山陽新幹線新大阪～岡山開業	5月 沖縄本土復帰 6月 田中角栄、日本列島改造論を発表 6月 老人福祉法改正公布 7月 田中内閣発足 9月 日中国交正常化
1973年	2月 円の変動相場制移行 2月 経済社会基本計画策定（田中内閣） 10月 第1次オイルショック 11月 石油緊急対策要綱閣議決定 12月 政府、総需要抑制策を表明	10月 水資源対策特別措置法公布 11月 関門橋開通	
1974年		6月 国土利用計画法公布 8月 地域振興整備公団発足	6月 国土庁発足 9月 多摩川堤防決壊 12月 三木内閣発足

経済と土木の主要年表③（1975～1990年）

年	経済関連	土木関連	一般的事項
1975年		3月　山陽新幹線岡山～博多開業 9月　宅地開発公団設立	
1976年	5月　昭和50年代前期経済計画策定（三木内閣）		7月　田中元首相、ロッキード事件で逮捕 12月　福田内閣発足
1977年	3月　米国際貿易委、日本製カラーテレビの集中豪雨的輸出を非難 9月　政府、公共投資の追加など総合経済対策を決定	11月　第三次全国総合開発計画閣議決定	
1978年	12月　日米農産物交渉妥結	5月　新東京国際空港開港	12月　大平内閣発足
1979年	1月　第2次オイルショック 8月　新経済社会7ヵ年計画策定（大平内閣）		
1980年	12月　日本の自動車生産台数が世界第一位に		7月　鈴木内閣発足
1981年		10月　日本住宅公団と宅地開発公団が統合して住宅・都市整備公団発足	3月　臨時行政調査会発足
1982年		6月　東北新幹線大宮～盛岡開業 11月　上越新幹線大宮～新潟開業 11月　中央自動車道全線開通	11月　中曽根内閣発足
1983年	2月　トヨタ、米GMと米国内で合弁生産を決定 8月　1980年代経済社会の展望と指針策定（中曽根内閣）	3月　中国自動車道全線開通（東京から九州まで高速道路で連結）	
1985年	9月　プラザ合意	3月　東北新幹線上野～大宮開業 10月　関越自動車道全線開通	
1986年	4月　前川レポート発表 5月　民間事業者の能力の活用による特定施設の整備の促進に関する臨時措置法（民活法）公布 7月　日米半導体交渉合意 9月　総合経済対策決定		
1987年	2月　日銀、公定歩合を史上最低の2.5％に引き下げ 5月　緊急経済対策決定 6月　総合保養地域整備法（リゾート法）公布 10月　ブラックマンデー、株価大暴落	4月　国鉄民営化、JR発足 6月　第四次全国総合開発計画閣議決定 9月　東北自動車道全線開通	11月　竹下内閣発足
1988年	5月　経済運営5ヵ年計画策定（竹下内閣） 6月　日米牛肉・オレンジの輸入自由化交渉妥結	3月　青函トンネル開業 4月　瀬戸大橋開通 11月　北陸自動車道全線開通	6月　リクルート事件
1989年	4月　消費税導入（3％） 12月　東証平均株価、38,915円の史上最高値		6月　宇野内閣発足 8月　海部内閣発足 11月　ベルリンの壁崩壊 12月　マルタ会談、東西冷戦の終結
1990年	4月　大蔵省、不動産向け融資への総量規制通達	6月　公共投資基本計画（430兆円）閣議了解	

経済と土木の主要年表④（1991～2006年）

年	経済関連	土木関連	一般的事項
1991年		6月　東北新幹線東京～上野開業	1月　湾岸戦争勃発 11月　宮澤内閣発足
1992年	6月　生活大国5ヵ年計画（宮澤内閣） 8月　公共投資拡大を柱とした総合経済対策を決定	7月　山形新幹線福島～山形開業	
1993年	4月　景気対策として新総合経済対策決定		6月　ゼネコン贈収賄事件 8月　細川内閣発足 11月　EUが発足
1994年		9月　関西国際空港開港 10月　公共投資基本計画改定（630兆円）閣議了解	4月　羽田内閣発足 6月　村山内閣発足
1995年	12月　住宅金融専門会社への公的資金投入処理案を決定 12月　構造改革のための経済社会計画策定（村山内閣）	7月　九州自動車道全線開通（青森から鹿児島まで高速道路で連結）	1月　WTO（世界貿易機関）発足 1月　阪神・淡路大震災
1996年		11月　大分自動車道全線開通	1月　橋本内閣発足
1997年	4月　消費税増税（3%→5%） 11月　北海道拓殖銀行が営業権譲渡、山一證券が自主廃業 11月　財政構造改革推進法制定	3月　秋田新幹線盛岡～秋田開業 6月　河川法改正 10月　長野新幹線高崎～長野開業 12月　山陽自動車道全線開通 12月　東京湾アクアライン開通	7～8月　アジア通貨危機
1998年	10月　日本長期信用銀行の一時国有化決定 12月　日本債券信用銀行の一時国有化決定	3月　21世紀の国土のグランドデザイン閣議決定 4月　明石海峡大橋開通	7月　小渕内閣発足
1999年	2月　日銀がゼロ金利政策実施 7月　経済社会のあるべき姿と経済新生の政策方針策定（小渕内閣） 11月　経済新生対策決定	5月　しまなみ海道開通 12月　山形新幹線山形～新庄開業	
2000年		1月　吉野川第十堰住民投票 7月　松山自動車道全線開通	4月　介護保険制度開始 4月　森内閣発足
2001年	3月　日銀が量的緩和政策を開始	12月　長野県知事、脱ダム宣言	1月　経済財政諮問会議設置 4月　小泉内閣発足 9月　アメリカで同時多発テロが発生
2002年	1月　構造改革と経済財政の中期展望（小泉内閣） 2月　総合デフレ対策決定	1月　公共投資基本計画の廃止、閣議決定 12月　東北新幹線盛岡～八戸開業	
2003年	4月　産業再生機構発足	3月　高松自動車道全線開通 10月　第1次社会資本整備重点計画	
2004年		3月　長崎自動車道全線開通 3月　九州新幹線新八代～鹿児島中央開業 4月　成田空港民営化	
2005年		2月　中部国際空港開港 10月　道路関係4公団の民営化	
2006年	3月　日銀が量的緩和政策を終了		1月　ライブドア事件 6月　村上ファンド事件 6月　日銀総裁、村上ファンドへの出資が判明 9月　第1次安倍内閣発足

経済と土木の主要年表⑤（2007 ～ 2015年）

年	経済関連	土木関連	一般的事項
2007年	1月　日本経済の進路と戦略策定（安倍内閣）		9月　福田内閣発足
2008年	9月　リーマンショック	3月　国土交通大臣、海峡プロジェクトの調査中止を発表 5月　道路特定財源等に関する基本方針を閣議決定 7月　国土形成計画（全国計画）閣議決定 7月　東海北陸自動車道全線開通	9月　麻生内閣発足
2009年		3月　第2次社会資本整備重点計画	8月　民主党が政権交代 9月　鳩山内閣発足
2010年	6月　新成長戦略策定（菅内閣）	12月　東北新幹線八戸～新青森開業	6月　菅内閣発足
2011年		3月　九州新幹線博多～新八代開業 3月　北関東自動車道全線開通	3月　東日本大震災 9月　野田内閣発足
2012年	7月　日本再生戦略策定（野田内閣） 10月　日銀が金融緩和の強化を決定	3月　第3次社会資本整備重点計画	12月　第2次安倍内閣発足
2013年	4月　日銀が異次元金融緩和を導入 4月　アベノミクス発表		
2014年	4月　消費税増税（5%→8%） 10月　日銀が追加金融緩和を決定	7月　国土のグランドデザイン2050公表	
2015年		3月　常磐自動車道全線開通 3月　北陸新幹線高崎～金沢開業 3月　徳島自動車道全線開通 8月　第2次国土形成計画（全国計画）閣議決定	

資料：野口悠紀雄「戦後日本経済史」（新潮社、2008年）、野口悠紀雄「戦後経済史」（東洋経済新報社、2015年）、矢部洋三編「現代日本経済史年表1868 ～ 2015年」（日本経済評論社、2016年）、中村宗悦・永江雅和・鈴木久美編「バブル／デフレ期の日本経済と経済政策　経済年表1979年1月～ 2007年3月」（内閣府経済社会総合研究所、2011年）、日本土木史編集委員会編「日本土木史－昭和16年～昭和40年－」（土木学会、1973年）、日本土木史編集委員会編「日本土木史－昭和41年～平成2年－」（土木学会、1995年）、日本土木史編集特別委員会編「日本土木史－平成3年～平成22年－」（土木学会、2017年）より作成

第2章

1960年代と1990年代の公共投資と経済成長

　第1章で示したように1960年代には経済計画が要求した産業基盤や生活基盤といった社会資本の充実に土木が応えることによって高度経済成長の基盤が形成されたが、1990年代には公共投資が拡大されたにもかかわらず必ずしも土木の推進は経済成長に結びつかず、その後、公共事業批判や公共投資の削減が行われるようになった。第2章では、1960年代と1990年代の違いに着目し、公共投資と経済成長の関係について見ることにする。

1. 1960年代の公共投資と経済成長

1-1 国民所得倍増計画と公共投資

(1) 国民所得倍増計画の概要

　公共投資との関連を中心に国民所得倍増計画の概要を示すと、以下のとおりである。

①国民所得倍増計画と社会資本の充実

　昭和30 (1955) 年に策定された経済自立5ヵ年計画以降、経済計画は経済運営の指針となった。昭和32 (1957) 年に新長期経済計画が策定された後、昭和35 (1960) 年に池田内閣で国民所得倍増計画が閣議決定された。日本経済が戦後段階を終え、新たな発展段階を迎える中でさらに高度成長を維持するためには、新たな長期経済計画を作成し、わが国の成長能力を積極的に培養するとともに成長の阻害要因を除去していく必要があるとの考えがその背景にあった。

　岸首相から経済審議会に対して国民所得倍増を目標とする長期経済計画に関する諮問が行われたのは、昭和34 (1959) 年11月であった。昭和35 (1960) 年7月に池田内閣が発足し、同年9月に池田内閣は昭和38 (1963) 年度まで平均9%の経済成長を達成するという新政策を発表したため、政

府方針と年率7.2％の成長率を掲げた国民所得倍増計画案の間の調整が行われた。同年11月に経済審議会は政府に国民所得倍増計画を答申したが、その後、自民党政調会で国民所得倍増計画について審議が行われ、自民党側から成長率や農業などについて不満が出たため、当初予定の閣議決定の時期を延期し、同年12月に「国民所得倍増計画の構想」を別紙として、計画当初3ヵ年で年率9％成長の達成や農業近代化などの政策を弾力的に措置するという内容の付帯文をつけることにより、国民所得倍増計画は閣議決定となった。[1]

国民所得倍増計画の究極の目的は、経済の安定的成長の極大化による、国民生活水準の顕著な向上と完全雇用の達成であった。そのため、中心的課題として 1) 社会資本の充実、2) 産業構造高度化への誘導、3) 貿易と国際経済協力の促進、4) 人的能力と科学技術の振興、5) 二重構造の緩和と社会的安定の確保が掲げられた。

このうち、社会資本の充実については、昭和28 (1953) 年頃から経済規模が戦前水準を超え、さらに高成長が続いたため、道路、港湾、用地、用水等の社会資本が生産資本に対して相対的に立ち遅れ、成長のあい路になっているため、公共投資等を通じてこれら部門の量的質的向上を図ることが重要な課題となっており、これら社会資本の充実は産業と生活の基盤を強化するとともに、雇用と所得を拡大することによって経済成長に役立つとした。

なお、国民所得倍増計画では、従来の基盤施設投資は概して計画の構想が小さく、短期に施設の取り替えや事業のやり直しを必要とする場合が多いので、今後の10年については、目前の応急的な効果にのみとらわれることなく、つとめて長期的視点に立って、将来におけるより充実した国富を実現するための投資に意を用いるべきである、と記していた。

②目標とする経済規模と構造

国民所得倍増計画では、国民総生産の規模を10年間に倍増することを目標とした。目標年次の昭和45 (1970) 年度には、国民総生産は26兆円、国

民所得は21.3兆円で、1人当たり国民所得は20.8万円となることが想定され、10年後には日本の経済水準は現在の西欧より若干低い所に相当すると見込まれていた。昭和31～33年度平均の基準年次からすると、この計画の成長率は7.8％である。[2]

　経済構造については、第2次産業の拡大が経済発展の主軸になることが想定され、産業別国民所得の割合は、基準年次から目標年次にかけて、第1次産業は18.8％から10.1％に低下し、第2次産業は33.3％から38.6％に、第3次産業は37.8％から39.8％に、運輸、通信、公益事業は10.1％から11.5％に上昇することを目標とした。

　また、就業構造の割合は、基準年次から目標年次にかけて、第1次産業は39.6％から23.7％に低下し、第2次産業は24.2％から32.2％に、第3次産業は30.7％から37.1％に、運輸、通信、公益事業は5.5％から7.0％に上昇することを目標とした。

③計画における政府の役割

　国民所得倍増計画の対象は、政府が直接、政策の実現手段を有する政府公共部門に中心が置かれた。政府はわが国経済が持つ潜在的な成長力を評価しながら、成長要因を積極的に培養し、成長阻害要因を排除する任務を持っているとして、政府が果たすべき役割として、1) 社会資本の充実、2) 教育訓練等による人的能力の向上及び科学技術の振興、3) 社会保障の充実と社会福祉の向上、4) 民間産業の誘導を掲げた。

④社会資本充実の方向性

　国民所得倍増計画では社会資本充実の方向性として、3つの方向性が示された。

　第1に、産業基盤強化のための社会資本をまず必要最小限確保する。道路、港湾、鉄道、空港等の輸送施設、電信電話等の通信施設、工業用地、用水等の産業の立地条件の格段の整備を図る必要があり、この場合、国民経済全体の大きな構造変革の必要性が強まりつつあるので、長期的総合的

な観点から今後のあるべき産業立地の姿を想定し、それに即応した方向で基盤の整備に努めなければならないとした。

第2に、住宅及び生活環境施設等の生活基盤の拡充、これらを通じての都市問題の緩和を図る必要がある。著しく立ち遅れている住宅、上下水道、病院、厚生福祉施設、文教施設等の社会的諸施設の整備と拡充にできるだけ努力することが重要であるとした。

第3に、国土保全施設の強化が図られなければならない。今後かなり抜本的な保全施設の増強を行うとともに、通信連絡や警報の面を強化すること等によって、災害をできる限り防除する必要がある。このうち、水の問題は、治水利水の総合的な観点から、事業の計画及び実施が推進されなければならないとした。

このため、国民所得倍増計画では、他の諸要素との関連も考慮し、国民経済の均衡ある発展の見地からみた最大限の規模として、社会資本充実のための行政投資の企業設備投資に対する比率を、現在の1：3より、目標年次には1：2程度に拡大し、この計画期間中に合計16.13兆円（昭和35年価格）を投下することとした。

⑤国民生活の将来

国民の創意工夫と政府の適切な政策によって、わが国の潜在的な成長力が十分に発揮され、10年以内に国民所得の倍増が実現されるならば国民生活は著しく充実されるとした。国民に分かりやすいように、1人当たり国民所得が10年後に20.8万円と、現在のほぼ2倍の水準になれば、消費水準が向上するとして、食生活では現在以上に国民の好みに応じて肉、乳、卵や加工食品の消費を増やしたり、自動車などの耐久消費財を購入したり、1世帯1住宅を実現することも可能になるほか、生活環境施設、教育、社会保障、雇用面でも国民生活の改善が図られると予測していた。

その上で、戦争から戦後にかけてのあのみじめな状態からみれば、このような姿が実現されることは、世界に誇りうる国民の能力を物語るものであるとして、この計画の目標が早い機会に達成されて、国民生活もより高

い水準になることを希望する、と記していた。

　国民所得倍増計画には、おいしいものを食べたい、いい暮らしがしたいという国民の欲求を実現させるために、自分たちも頑張ろうという気持ちにさせる面があった。

(2) 公共投資の動向

　国民所得倍増計画における社会資本の充実という方向性を踏まえて、国の公共事業関係費は、昭和35（1960）年度から昭和45（1970）年度にかけて0.3兆円から1.4兆円と約4.7倍に増えた（図2-1）。その後、国の公共事業関係費は昭和48（1973）年まで増加したものの、昭和48年のオイルショックを契機に昭和50（1975）年度まで増加が抑制気味となり、昭和51（1976）年度から再び増加し、昭和55（1980）年度には6.8兆円になった。なお、1960年代の公共投資の動向を見る際に、同時代前後の動きも捉えておく必要があるので、統計データについてはできるだけ1955年から1980年まで示すことにする。

　国の一般会計予算総額に占める公共事業関係費の割合は、昭和35（1960）

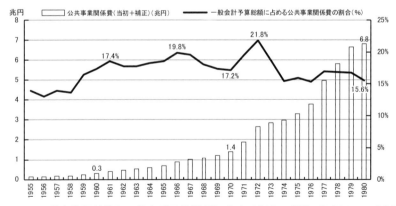

図2-1　公共事業関係費と一般会計予算総額に占める割合の推移（1955～1980年度）

資料：財務省「財政統計」より作成
注：当初予算と補正予算の合計値である。

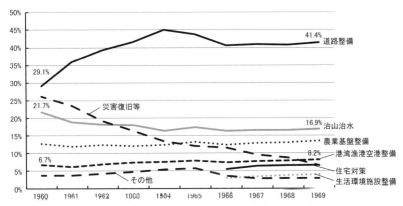

図2-2 1960年代の公共事業関係費の内訳割合の推移（1960～1969年度）
資料：財務省「財政統計」より作成
注：当初予算と補正予算の合計値である。

年度の17.4％から昭和41（1966）年度には19.8％に上昇したのち、昭和45
（1970）年度には17.2％となった。昭和47（1972）年度には21.8％にまで上
昇したが、昭和48（1973）年のオイルショック後に割合は低下し、昭和55
（1980）年度には15.6％となった。

　1960年代（昭和35～44年度）の公共事業関係費の内訳割合の推移を見
ると（図2-2）、道路整備事業費は29.1％から41.4％に上昇し、港湾漁港空
港整備事業費も6.7％から8.2％に上昇しており、国民所得倍増計画の方針
を踏まえて、産業基盤強化のための交通・輸送施設の整備や用地の整備等
に重点が置かれていたことが分かる。治山治水事業費は21.7％から16.9％
に低下しているものの、水資源開発や国土保全の観点から一定の割合を維
持している。なお、昭和41（1966）年度から公共事業関係費に住宅対策費
と生活環境施設整備費が計上された。

（3）経済発展に貢献した公共投資

　前述のとおり国民所得を倍増させるために、成長のあい路になっている
社会資本を充実させる公共投資が行われ、これに対応して民間投資が活発
になった。公的固定資本形成（国と地方公共団体が行う公共投資を示す）

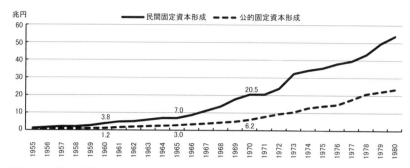

図2-3　公的固定資本形成と民間固定資本形成（1955～1980年度）
資料：内閣府「国民経済計算」より作成

　と民間固定資本形成の関係を見ると（図2-3）、昭和35（1960）年度から昭和45（1970）年度にかけて公的固定資本形成が1.2兆円から6.2兆円に5.2倍に増加したのに対して、民間固定資本形成は3.8兆円から20.5兆円に5.4倍に増加した。さらに細かく見ると、1960～1965年度には公的固定資本形成が2.5倍の増加に対して、民間固定資本形成は1.8倍の増加にとどまっていたが、1965～1970年度には公的固定資本形成が2.1倍の増加に対して、民間固定資本形成は2.9倍の増加となっている。1960年代前半は公共投資が民間投資を導き、1960年代後半には公共投資を基盤にして民間投資が活発になってきたことを示している。

　公共投資及び民間投資の増加に伴い、産業構造の高度化が進んだ。昭和35（1960）年度から昭和45（1970）年度にかけて産業別割合は、第1次産業が13.8％から6.4％に7.4ポイント低下したのに対して、第2次産業は43.9％から46.4％に2.5ポイント、第3次産業が42.3％から47.2％に4.9ポイント上昇した（図2-4）。1970年代には第3次産業の割合がさらに上昇し、産業構造の高度化が進んだ。

　産業構造の高度化は、農村から都市への労働力の移動をもたらし、就業構造を変化させた。昭和35（1960）年から昭和45（1970）年にかけて就業人口は4,404万人から5,259万人に855万人増加したが、産業別就業者割合は第1次産業が32.7％から19.3％へと13.4ポイント低下したのに対して、第

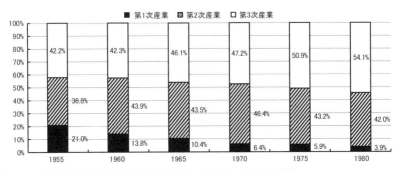

図2-4 産業別国内総生産の割合の推移（1955-1980年度）
資料：内閣府「国民経済計算」より作成

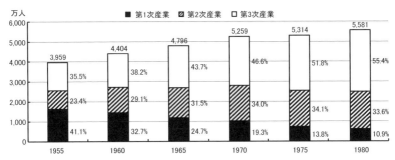

図2-5 産業別就業者数と産業別就業者割合の推移（1955～1980年）
資料：総務省統計局「国勢調査」より作成

2次産業は29.1％から34.0％へと4.9ポイント、第3次産業は38.2％から46.6％へと8.4ポイント上昇した（図2-5）。1970年代には就業人口の増加は鈍化するが、産業別就業者割合における第1次産業の低下と第3次産業の上昇は続いた。

　公共投資と民間投資の増加、産業構造の高度化等により、日本経済は成長した。国民所得倍増計画では、国民総生産の規模を今後10年間に倍増することを目標としていたが、目標年次の昭和45（1970）年度には、国民総生産は目標値26.0兆円に対して実績値40.6兆円、国民所得は目標値21.3兆円に対して実績値32.9兆円、国民1人当たり国民所得は目標値20.8万円に対して実績値31.8万円であり、それぞれ実績値は目標値の150％以上に

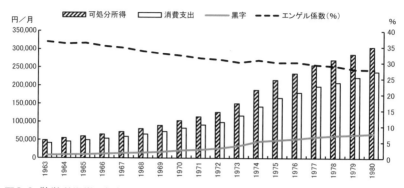

図2-6 勤労者世帯1世帯当たり家計収支の推移（1963〜1980年）
資料：総務省「家計調査年報」より作成
注：黒字＝可処分所得−消費支出
　エンゲル係数＝（食料費／消費支出）×100

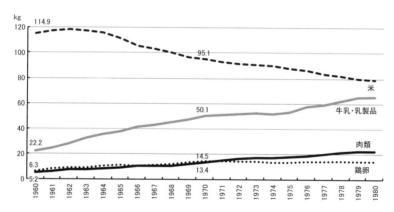

図2-7 年間1人当たり食料供給量（1960〜1980年）
資料：農林水産省「食糧需給表」より作成

達していた。[3]

　国民所得倍増計画が目標値を上回る成果をあげたことによって、国民の所得は向上し、国民の生活にも変化が生まれた。勤労者世帯1世帯当たり家計収支の動きを見ると（図2−6）、1960年代から1970年代にかけて可処分所得が増加し、それに伴い消費支出も増加したが、可処分所得の伸びが消費支出の伸びを上回っていたため、家計に黒字が増えてきたことが分か

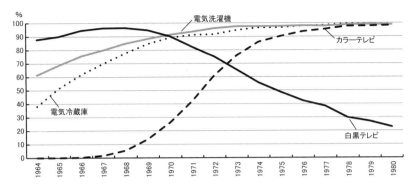

図2-8 耐久消費財の普及率の推移（1964 - 1980年）
資料：内閣府「消費動向調査年報」より作成

　る。また、所得の向上に伴いエンゲル係数（消費支出に占める食料費の割合）
が低下した。
　エンゲル係数の低下に伴い、食生活の内容も変化した。食糧需給表によ
ると、1960年から1970年にかけて、年間1人当たり供給量は、米が114.9kg
から95.1kgへ約17％減少したのに対して、肉類は5.2kgから13.4kgへ約2.6
倍に、鶏卵は6.3kgから14.5kgへ約2.3倍に、牛乳・乳製品は22.2kgから
50.1kgへ約2.3倍に増加した（図2-7）。国民所得倍増計画では、国民所得
が倍増されれば、国民生活は充実し、食生活では国民の好みに応じて肉、
乳、卵などの消費を増やすことができると述べていたが、それが数字上示
された。
　また、耐久消費財の普及率を見ると（図2-8）、1960年代には当時三種
の神器と言われた電気冷蔵庫、電気洗濯機、白黒テレビの普及が進み、
1970年代には白黒テレビからカラーテレビへの買い替えが行われ、1970年
代末には電気冷蔵庫、電気洗濯機、カラーテレビの普及率がほぼ100％に
達していることが分かる。
　国内総生産は、1960年から1970年にかけて16.7兆円から75.3兆円へ4.5
倍に増加した（図2-9）。国民総生産は民間最終消費支出、政府最終消費
支出、民間固定資本形成、公的固定資本形成、在庫品増加、財貨・サービ

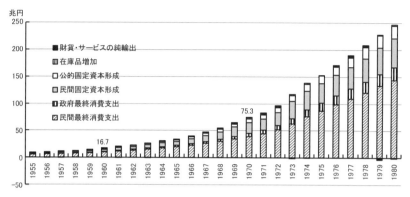

図2-9 国内総生産の推移（1955～1980年）
資料：内閣府「国民経済計算」より作成

スの純輸出により構成されるが、1960年代の国内総生産に占める公的固定資本形成の割合は7～8％程度である。これまで見たようにこの公的固定資本形成が民間固定資本形成を誘発し、産業構造の高度化及び就業構造の変化をもたらし、所得の向上及び消費の拡大等により民間最終消費支出（個人消費）が拡大して、国民所得倍増計画の目標値を上回る国内総生産の増大がもたらされたのである。[4]

1-2 大都市圏が牽引する国づくり

（1）太平洋ベルト地帯中心の工業開発

　国民所得倍増計画では、10年間で国民所得を2倍にするため、工業開発が重視され、そのための産業立地の適正配置のあり方が示されていた。その概要は以下のとおりである。

1) 4大既成工業地帯（京浜、中京、阪神、北九州）を連ねる太平洋ベルト地帯には産業関連施設の整備が既に相当行われ優れた立地条件を有しているので、計画期間における工業立地の重要な役割を果たす。このため、ベルト地帯の中間地点に中規模の新工業地帯を造成整備する。

2) 太平洋ベルト地帯のうち、4大工業地帯の密集部への新たな工業集中は

　　原則として禁止または制限し、工業用水道、道路交通、住宅、下水道
　　等への追加投資を行い、生産の能率化とあい路の打開に努める。
3）4大工業地帯の中心部からできるだけ距離を置いて近隣及び周辺地域へ
　　の工場分散を促進し、交通網の整備により、その外延の拡大を図る。
4）北海道、東北、裏日本（中部）の地域は、計画期間の後半期に重点を置
　　いて、選定された地点について大規模な中心的工業地帯となるにふさ
　　わしい外部条件の整備を図り、それを中核として工業化を促進する。

　　国民所得倍増計画では、このように既に投資が行われてきた太平洋ベル
ト地帯を中心に工業開発を進める方針が示された。この方針について、閣
議決定される際に付帯文とされた別紙「国民所得倍増計画の構想」では、
後進性の強い地域の開発促進並びに所得格差是正のため国土総合開発計
画を策定することや、地域間格差を是正するために公共投資の地域別配分
を再検討することなどが記されていた。

　　このため、昭和37（1962）年に全国総合開発計画が策定された。この計
画では「地域間の均衡ある発展」を基本目標に掲げ、地域別に開発政策の
重点を示すとともに、大規模開発地域を選定して育成する拠点開発方式を
採用した。これにより、昭和37年に新産業都市建設促進法が制定され、全
国44地区の候補の中から、原則として太平洋ベルト地帯以外の15地区が
新産業都市に指定されて拠点開発が進められた。これに対して、太平洋ベ
ルト地帯の地域から反発が起こり、昭和39（1964）年に工業整備特別地域
整備促進法が制定され、今度は太平洋ベルト地帯内の6地区が工業整備特
別地域に指定された。

（2）大都市圏と地方圏の公共投資と民間投資

　　公的固定資本形成を指標として、大都市圏と地方圏別に公共投資の動き
を見ると（図2-10）、昭和35（1960）年度から昭和45（1970）年度にかけて、
大都市圏は0.6兆円から3.4兆円へと5.7倍増加したのに対して、地方圏は0.6
兆円から2.7兆円へと4.5倍の増加にとどまっている。前述のとおり1960年
代には太平洋ベルト地帯を中心とした工業開発が進められたため、大都市

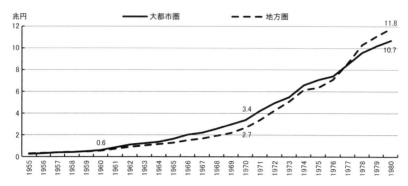

図2-10　大都市圏・地方圏別の公的固定資本形成の推移（1955～1980年度）
資料：内閣府「県民経済計算」より作成
注：1. 大都市圏は北関東、南関東、東海、近畿内陸、近畿臨海で、その他は地方圏とする。
　　2. 地域区分は以下のとおりである。

＜東　　北＞	：青森県、岩手県、宮城県、秋田県、山形県、福島県	＜近畿内陸＞	：滋賀県、京都府、奈良県
＜北関東＞	：茨城県、栃木県、群馬県	＜近畿臨海＞	：大阪府、兵庫県、和歌山県
＜南関東＞	：埼玉県、千葉県、東京都、神奈川県	＜山　　陰＞	：鳥取県、島根県
＜北　　陸＞	：新潟県、富山県、石川県、福井県	＜山　　陽＞	：岡山県、広島県、山口県
＜東　　山＞	：山梨県、長野県	＜四　　国＞	：徳島県、香川県、愛媛県、高知県
＜東　　海＞	：岐阜県、静岡県、愛知県、三重県	＜北　九　州＞	：福岡県、佐賀県、長崎県
		＜南　九　州＞	：熊本県、大分県、宮崎県、鹿児島県

圏を重視した公共投資が行われた。その後、大都市圏を重視した公共投資
は昭和51（1976）年度まで続くが、昭和52（1977）年度には逆転して地方圏
が大都市圏を上回ることになった。

　さらに地域別に5年ごとの公的固定資本形成のシェアの推移を見ると（表
2-1）、南関東では1950年代後半（1956～1960年）から1960年代前半（1961
～1965年）にかけてシェアが20.3％から26.1％へと5.8ポイント上昇し、近
畿臨海では1950年代後半から1960年代後半（1966～1970年）にかけてシェ
アが11.2％から13.8％へと2.6ポイント上昇しており、1960年代には大都市
圏の中でも東京、大阪を中心とした地域への投資に重点が置かれていたこ
とが分かる。

　公的固定資本形成と民間固定資本形成の推移を重ねて見ると（図2-11）、
大都市圏では地方圏に比べて、公的固定資本形成による民間固定資本形成

表2-1 公的固定資本形成の地域別シェア（1956～1980年度）

	1956-1960	1961-1965	1966-1970	1971-1975	1976-1980
全国計	100.0%	100.0%	100.0%	100.0%	100.0%
北海道	8.2%	7.4%	7.0%	6.8%	7.9%
東北	9.8%	8.7%	8.0%	8.4%	10.3%
北関東	4.9%	4.2%	4.0%	4.4%	5.2%
南関東	20.3%	26.1%	25.8%	23.1%	20.7%
北陸	6.9%	7.4%	5.9%	5.5%	6.1%
東山	3.1%	2.9%	2.6%	2.8%	2.8%
東海	9.8%	9.5%	10.5%	10.0%	9.4%
近畿内陸	3.9%	2.9%	2.9%	3.2%	3.3%
近畿臨海	11.2%	12.1%	13.8%	12.1%	10.1%
山陰	1.6%	1.6%	1.3%	1.5%	1.8%
山陽	5.5%	4.9%	5.2%	6.9%	5.7%
四国	3.8%	3.2%	3.4%	3.6%	3.9%
北九州	5.2%	4.2%	4.8%	5.7%	5.9%
南九州	5.5%	4.6%	4.7%	5.0%	5.7%
沖縄	0.3%	0.3%	0.3%	1.0%	1.3%
大都市圏	50.1%	54.8%	56.9%	52.9%	48.7%
地方圏	49.9%	45.2%	43.1%	47.1%	51.3%

資料：内閣府「県民経済計算」より作成
注：大都市圏は北関東、南関東、東海、近畿内陸、近畿臨海で、その他は地方圏とする。

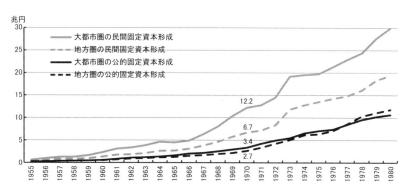

図2-11 大都市圏・地方圏別の公的固定資本形成と民間固定資本形成の推移
　　　（1955～1980年度）
資料：内閣府「県民経済計算」より作成
注：大都市圏は北関東、南関東、東海、近畿内陸、近畿臨海で、その他は地方圏とする。

の誘発が大きいことが分かる。昭和45（1970）年度では、地方圏では公的
固定資本形成が2.7兆円、民間固定資本形成が6.7兆円であるのに対して、
大都市圏では公的固定資本形成が3.4兆円、民間固定資本形成が12.2兆円

となっている。大都市圏が地方圏に比べて公共投資による民間投資の誘発効果が大きいのは、明治以降の公共投資や民間投資のストックの違いを反映していると考えられる。[5]

（3）大都市圏と地方圏の産業構造高度化と人口移動

　昭和35（1960）年度から昭和45（1970）年度にかけて県内総生産の割合の推移を見ると（図2-12）、大都市圏では第1次産業が7.0％から3.1％に3.9ポイント低下したのに対して、第2次産業が42.6％から44.9％に2.3ポイント、第3次産業が50.4％から52.0％に1.6ポイント上昇し、地方圏では第1次産業が20.0％から10.9％に9.1ポイント低下し、第2次産業は29.0％から33.5％に4.5ポイント、第3次産業が51.0％から55.6％に4.6ポイント上昇している。大都市圏でも地方圏でも、第1次産業から第2次産業、第3次産業への産業構造の高度化が進んだことが分かる。

　次に、産業別就業者構成の割合の推移を見ると（図2-13）、昭和35（1960）年から昭和45（1970）年にかけて、大都市圏では第1次産業が21.8％から11.7％に10.1ポイント低下したのに対して、第2次産業が36.5％から40.0％に3.5ポイント、第3次産業が41.6％から48.3％に6.7ポイント上昇し、地方

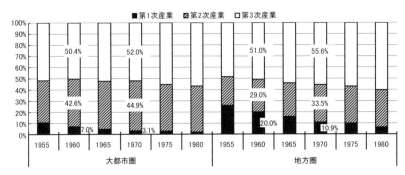

図2-12 大都市圏・地方圏別の産業別県内総生産の割合の推移
　　　　（1955-1980年度）
資料：内閣府「県民経済計算」より作成
注：大都市圏は北関東、南関東、東海、近畿内陸、近畿臨海で、その他は地方圏とする。

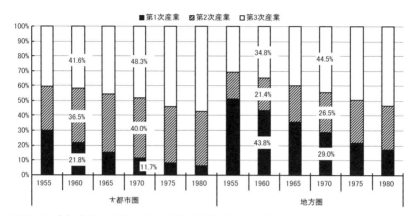

図2-13 大都市圏・地方圏別の産業別就業者割合の推移（1955～1980年）
資料：国勢調査より作成
注：大都市圏は北関東、南関東、東海、近畿内陸、近畿臨海で、その他は地方圏とする。

圏では第1次産業が43.8％から29.0％に14.8ポイント低下し、第2次産業は21.4％から26.5％に5.1ポイント、第3次産業が34.8％から44.5％に9.7ポイント上昇している。県内総生産と同様に就業者構成で見ても、大都市圏、地方圏ともに第1次産業から第2次、第3次産業への高度化が確認できる。

　なお、就業者数は、昭和30（1955）年から昭和35（1960）年にかけて大都市圏が地方圏を上回るようになり、大都市圏の就業者数は昭和35年から昭和45（1970）年にかけて2,231万人から2,944万人に713万人増加したのに対して、地方圏の就業者数は2,173万人から2,315万人へと142万人の増加にとどまっている（図2-14）。地方圏から大都市圏への就業者の移動が顕著であったことを示している。

　地方圏から大都市圏へ移動したのは就業者だけではなく、家族も含めて人口が移動した。大都市圏と地方圏別に人口の転入超過数の推移を見ると（図2-15）、1960年代は地方圏から大都市圏への人口流入が顕著であった。例えば昭和37（1962）年では、東京圏には約39万人、大阪圏には約20万人、名古屋圏には約6万人の転入超過がある一方で、地方圏では約65万人の転出超過となっていた。1970年代に入ると地方圏から大都市圏への転入は収まり始め、1970年代後半には転入超過はほぼ見られなくなった。

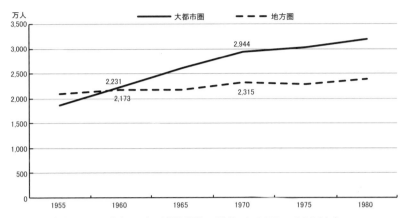

図2-14 大都市圏・地方圏別の就業者数の推移（1955〜1980年）
資料：国勢調査より作成
注：大都市圏は北関東、南関東、東海、近畿内陸、近畿臨海で、その他は地方圏とする。

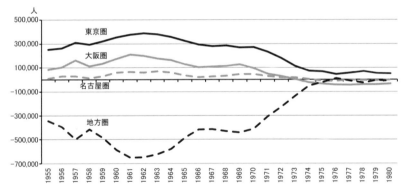

図2-15 大都市圏・地方圏別の人口の転入超過数の推移（1955〜1980年）
資料：総務省「住民基本台帳人口移動報告」より作成
注：東京圏は埼玉県、千葉県、東京都、神奈川県で、名古屋圏は岐阜県、愛知県、三重県で、大
　　阪圏は京都府、大阪府、兵庫県、奈良県で、地方圏はその他の道県である。

　1960年代の地方圏から大都市圏への人口移動は、産業構造の高度化によ
り要求された大都市圏での第2次産業・第3次産業の労働力を供給するだ
けでなく、大都市圏で居住する核家族世帯、単身世帯の増加をもたらし、
三種の神器（電気冷蔵庫、電気洗濯機、白黒テレビ）に代表される耐久消
費財の内需を生み出した。[6] 高度経済成長は主に内需に支えられていたも

のであり、輸出主導ではなかった。

（4）大都市圏と地方圏の域内総生産

　大都市圏と地方圏別に昭和35（1960）年度から昭和45（1970）年度にかけて域内総生産の推移を見ると（図2-16）、大都市圏では9.5兆円から48.1兆

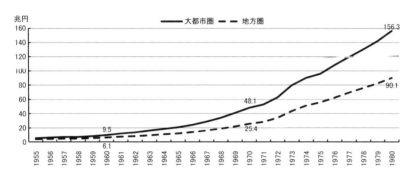

図2-16 大都市圏・地方圏別の域内総生産（1950-1980年度）
資料：内閣府「県民経済計算」より作成
注：大都市圏は北関東、南関東、東海、近畿内陸、近畿臨海で、その他は地方圏とする。

表2-2 域内総生産の地域別シェア（1956～1980年度）

	1956-1960	1961-1965	1966-1970	1971-1975	1976-1980
全国計	100.0%	100.0%	100.0%	100.0%	100.0%
北海道	5.3%	4.8%	4.3%	4.2%	4.3%
東北	7.0%	6.4%	6.2%	6.3%	6.7%
北関東	4.2%	4.2%	4.3%	4.6%	5.0%
南関東	25.7%	28.0%	28.9%	28.9%	28.7%
北陸	4.9%	4.6%	4.4%	4.3%	4.4%
東山	2.1%	2.1%	2.0%	2.1%	2.1%
東海	12.0%	12.2%	12.3%	12.2%	12.1%
近畿内陸	3.7%	3.5%	3.5%	3.6%	3.6%
近畿臨海	14.2%	15.3%	15.6%	14.9%	13.9%
山陰	1.1%	1.0%	0.9%	0.9%	0.9%
山陽	5.5%	5.4%	5.7%	5.6%	5.4%
四国	3.4%	3.2%	3.1%	3.0%	3.0%
北九州	6.3%	5.3%	5.0%	5.2%	5.4%
南九州	4.1%	3.7%	3.5%	3.6%	3.9%
沖縄	0.4%	0.4%	0.4%	0.5%	0.6%
大都市圏	59.8%	63.2%	64.6%	64.2%	63.3%
地方圏	40.2%	36.8%	35.4%	35.8%	36.7%

資料：内閣府「県民経済計算」より作成
注：大都市圏は北関東、南関東、東海、近畿内陸、近畿臨海で、その他は地方圏とする。

円に5.1倍となっているのに対して、地方圏では6.1兆円から25.4兆円に4.2倍となっている。大都市圏の方が地方圏に比べて、経済規模の拡大が大きい。

　域内総生産の5年ごとのシェアを地域別に見ると（表2-2）、1960年代（1961〜1965年及び1966〜1970年）には南関東と近畿臨海などがシェアを上昇させている一方で、北海道、東北、北陸、山陰、四国、北九州、南九州などではシェアを低下させていることが分かる。

　国民所得倍増計画では太平洋ベルト地帯を中心とした工業開発が重視されたが、その計画に即して公共投資が行われ、民間投資の誘発、産業構造の高度化等を通じて、大都市圏が牽引する日本の経済成長の形が形成されてきた。

1-3 1960年代の公共投資と経済成長から学ぶこと

　1960年代の公共投資と経済成長の考察を通じて、以下の3点を学ぶことができる。

①社会資本の充実を経済発展の基盤とした

　国民所得倍増計画では、道路、港湾、用地、用水等の社会資本が生産資本に対して相対的に立ち遅れ、成長のあい路になっているとして、経済成長を実現する上で公共投資により社会資本の充実を図ることを最重要の課題として位置づけていた。しかも、社会資本の充実にあたっては、目前の応急的な効果のみにとらわれることなく、長期的視点に立って将来の国富の充実に資する投資に留意すべきことを強調していた。この考え方に基づいて、1960年代には大都市圏など太平洋ベルト地帯を中心に社会資本の充実が図られ、経済発展の土台が形成された。

　その後、公共投資が景気対策として行われるようになり、公共投資が十分な成果を上げることができず、公共事業批判が行われるようになってきたことなどから、今日では社会資本の充実が経済発展の基盤であるという考え方は希薄になってきたが、将来のあるべき国の姿を実現するために土

台となる社会資本を整備することが国づくりの基本であるということは大事にされるべきである。

②大都市圏が牽引する国づくりを計画的に進めた

国民所得倍増計画では、社会資本充実の方向性として、まず長期的総合的な観点から今後のあるべき産業立地の姿を想定し、それに即応した方向で基盤の整備に努めなければならないとしていた。この考えに基づいて、大都市圏を重視した社会資本の充実により民間投資を誘発し、第1次産業から第2次産業、第3次産業への産業構造の高度化及び地方圏から大都市圏への就業人口の移動等を進めて、大都市圏が牽引する国づくりが進められた。この狙いどおりに、大都市圏の工業化が進み、地方から大都市圏に労働力が吸収されるとともに、人口移動と世帯数の増加により耐久消費財の内需が生み出されて、内需主導の高度経済成長を実現する要因となった。大都市圏が牽引する国づくりという考え方は、ストーリーが明確で、国民にとっても、政策を推進する人々にとっても目標が明確であったと考えられる。

1960年代にめざした大都市圏が牽引する国づくりがその後も継続されることにより、大都市圏の過密と地方圏の過疎の問題などが引き起こされ、国の一層の発展を阻害する一因になっていると考えられるが、1960年代の国の指導者が日本をより良くするための道筋を定め、計画的に国づくりを主導してきた姿勢は見習う必要がある。

③希望を持てる目標を掲げて国民を導いた

国民所得倍増計画は、国民に分かりやすい。10年間で1人当たり国民所得が2倍になれば、好みに応じて肉、牛乳、卵、加工食品を食べることができ、三種の神器などの耐久消費財も購入でき、1世帯1住宅も実現できるなど、国民がイメージしやすい将来像を掲げていた。敗戦から15年後の昭和35（1960）年の日本では、おいしいものを食べたい、いい暮らしがしたいという国民の欲求が強かった。その時代に発表された国民所得倍増計

画は、国民を鼓舞して、その欲求を実現させるために、自分たちも頑張ろ
うという気持ちにさせる役割を果たしたと考えられる。

　経済発展は国の指導者が計画を推進すれば実現できるものではない。経
済活動を実践するのは国民である。このため、希望を持てる目標を掲げて、
目標に向かって国民が頑張れば、国民の生活が良くなることをイメージさ
せて、国民を導くことが重要である。

2. 1990年代の公共投資と経済成長

2-1 1990年代の公共投資

(1) 公共投資基本計画と景気対策

　累積する対日貿易赤字を抱えていたアメリカからの要求に応えて、日本
の内需拡大とそのための社会資本整備の強化を図るため、海部内閣は平成
3 (1991) 年度から10年間で総額430兆円という公共投資基本計画を閣議了
解した。その後、アメリカからのさらなる要求に応えて、公共投資基本計
画は平成6 (1994) 年に村山内閣によって改定され、平成7 (1995) 年からの
10年間に総額630兆円という規模に拡大された。[7] 公共投資基本計画では、
生活環境・福祉・文化機能に関する公共投資に重点が置かれ、地方を重視
した配分が行われた。

　この公共投資基本計画に加えて、1990年代にはバブル崩壊後の景気対
策や円高による経済情勢の悪化に対する経済対策も実施された。1990年代
の10の経済対策の概要を示すと、以下のとおりである。

①1992年3月の緊急経済対策

　宮澤内閣が作成した平成4 (1992) 年3月の緊急経済対策では、公共事業
の施行促進、民間設備投資の促進、省力化投資の促進などの政策が示され

たが、この対策は新たな財政支出を伴うものではなかった。

②1992年8月の総合経済対策

　平成4（1992）年8月の総合経済対策は、総事業規模10兆7,000億円の本格的な景気対策であった。このうち、一般公共事業3兆4,000億円、公共用地の先行取得1兆5,500億円、地方単独事業のための地方債の追加1兆8,000億円、住宅融資制度の拡充8,000億円等により、公共投資等の拡大に総額8兆6,000円が充てられた。この対策以降、経済効果の予測が示されるようになり、対策により今後1年間で国民総生産（GNP）を2.4％程度押し上げる効果があるとされた。

③1993年4月の総合経済対策

　平成5（1993）年4月の総合経済対策は、総事業規模が13兆2,000億円であり、このうち公共投資等の拡大に総額10兆6,200億円が充てられた。内訳は一般公共事業3兆6,400億円、地方単独事業の追加要請2兆3,000億円、地方の公共用地の先行取得1兆2,000億円、住宅融資制度の拡充1兆8,000億円等である。公共事業に関連して、公共事業の施行促進や宮澤内閣が平成4（1992）年6月に閣議決定した「生活大国5ヵ年計画」を踏まえた社会資本整備の新たな展開などの施策も盛り込まれた。これらの対策により、今後1年間で名目GNPを2.6％押し上げる効果があるとされた。

④1993年9月の緊急経済対策

　細川内閣が作成した平成5（1993）年9月の緊急経済対策は、景気対策よりも規制緩和などの構造改革に重点を置いたものであった。総事業規模は本文には明示されていないが、数字が明示されている部分を積み上げると6兆1,500億円であり、このうち生活者・消費者の視点に立った社会資本整備の推進として、社会資本事業費の追加1兆円、地方単独事業の追加要請5,000億円、公共用地の先行取得3,000億円等が計上された。これらの対策により、今後1年間で名目GNPを1.3％押し上げる効果があるとされた。

⑤1994年2月の総合経済対策

　平成6（1994）年2月の総合経済対策は、総額15兆2,500億円の財政出動を伴う本格的な景気対策であった。バブル崩壊後の景気刺激の手段として初めて5兆4,700億円の所得税・住民税の特別減税が実施されるとともに、一般公共事業3兆5,900億円、地方単独事業の追加要請3,000億円、地方の公共用地の先行取得要請1兆5,000億円、住宅金融公庫の事業規模の拡大1兆2,000億円等により総額7兆2,000億円の公共投資等の拡大を行うことなどが内需拡大政策の柱とされた。これらの対策により、今後1年間で名目GNPを2.2%程度押し上げる効果があるとされた。

⑥1995年4月の緊急円高・経済対策

　村山内閣が作成した平成7（1995）年4月の緊急円高・経済対策は、急激な円高に対応したものであり、内需振興策として、平成7年度補正予算の編成により阪神・淡路大震災からの復旧・復興事業等を推進するとともに、公共事業等の積極的施行、公共投資基本計画（630兆円）の推進等が掲げられた。

⑦1995年9月の経済対策

　平成7（1995）年9月の経済対策は、総額14兆2,200億円のうち、公共投資等の拡大に12兆8,100億円を充てた景気対策であった。内需拡大のため、一般公共事業3兆9,300億円、公共用地の先行取得等の土地の有効利用の促進3兆2,300億円、阪神・淡路大震災復興関連事業等の推進1兆4,100億円、地方単独事業の追加要請1兆円、財政投融資の積極的な活用等が行われることになった。この対策により、今後1年間に名目国内総生産（GDP）を2%以上押し上げる効果があるとされた。

⑧1998年4月の総合経済対策

　財政構造改革を掲げた橋本内閣は、平成9（1997）年に公共投資基本計画について計画期間を3年間延長することにより投資規模の実質的縮減を

図るとともに、財政構造改革の推進に関する特別措置法を制定し、公共投資関係費の量的縮減目標や公共事業関連計画における事業量の実質的縮減を記した。このため、公共事業関係費は平成9年度の9.7兆円から平成10(1998)年度には9.0兆円に7.8%減となった。

しかし、景気が後退し、さらに平成9年のアジア通貨危機に端を発した国際的な金融不安にも見舞われたため、平成10年度予算成立直後に総額16兆6,000億円（国・地方の財政負担12兆円）の総合経済対策が発表された。このうち、21世紀を見据えた社会資本整備に総額7兆7,000億円が充てられ、環境・新エネルギー特別対策事業1兆6,000億円、物流効率化特別対策事業8,000億円、地方単独事業の要請1兆5,000億円等が盛り込まれた。この対策により、今後1年間に名目GDPを2%程度押し上げる効果があるとされた。

⑨1998年11月の緊急経済対策

平成10（1998）年に発足した小渕内閣は、財政構造改革の推進に関する特別措置法の施行を停止させ、補正予算により再び景気回復のための公共投資を拡大した。小渕内閣が作成した緊急経済対策は総額17兆円超の規模で、このうち21世紀を展望した社会資本の重点的な整備のために8兆1,000億円が充てられ、1)情報通信・科学技術、2)環境、3)福祉・医療・教育、4)物流効率化・産業競争力強化、5)農山漁村等地域活性化、6)民間投資誘発等都市再生、7)防災の分野を重視することが示された。この対策により、今後1年間に名目GDPを2.5%程度押し上げる効果があるとされた。

⑩1999年11月の経済新生対策

平成11（1999）年11月の経済新生対策は、総額17兆円の規模で、このうち21世紀の新たな発展基盤の整備として生活基盤の整備・充実（電線地中化、渋滞ボトルネックの解消、バリアフリー化の推進）、基幹ネットワークインフラの整備（ETC、光ファイバー網）等に6兆8,000億円が充てられた。この対策により、今後1年間に名目GDPを1.7%程度押し上げる効果がある

表2-3　1990年代の経済政策

名称	内閣	事業規模	経済効果の記述	公共投資に関連する内容
1992年3月の緊急経済対策	宮澤	－	－	○公共事業の施行促進
1992年8月の総合経済対策	宮澤	10.7兆円	1年間で名目GNPを2.4%程度押し上げる	○公共投資等の拡大　総額8.6兆円 ・一般公共事業3.4兆円 ・災害復旧事業0.5兆円 ・文教施設・研究施設等の整備0.55兆円 ・公共用地の先行取得1.55兆円 ・地方単独事業のための地方債の追加1.8兆円 ・住宅融資制度の拡充0.8兆円
1993年4月の総合経済対策	宮澤	13.2兆円	1年間で名目GNPを2.6%押し上げる	○公共投資等の拡大　総額10.62兆円 ・一般公共事業3.64兆円 ・災害復旧事業0.53兆円 ・文教施設・研究施設等の整備1.15兆円 ・地方単独事業の追加要請2.3兆円 ・地方の公共用地先行取得1.2兆円 ・住宅融資制度の拡充1.8兆円
1993年9月の緊急経済対策	細川	6.15兆円	1年間で名目GNPを1.3%押し上げる	○厳しい経済情勢等への対応 ・生活者・消費者の視点に立った社会資本整備の推進1兆円 ・地方単独事業の追加要請0.5兆円 ・公共用地の先行取得0.3兆円 ・災害復旧事業等の推進0.45兆円 ・住宅投資の促進2.5兆円、等
1994年2月の総合経済対策	細川	15.25兆円	1年間で名目GNPを2.2%程度押し上げる	○公共投資等の拡大　総額7.2兆円 ・一般公共事業3.59兆円 ・教育・研究・医療等の施設整備0.61兆円 ・地方単独事業の追加要請0.3兆円 ・地方の公共用地先行取得1.5兆円 ・住宅金融公庫の事業規模の拡大1.2兆円
1995年4月の緊急円高・経済対策	村山	－	－	○内需振興策 ・平成7年度補正予算の編成（阪神・淡路大震災からの復旧・復興事業等） ・公共事業等の積極的施行 ・公共投資基本計画(630兆円)の実施、等
1995年9月の経済対策	村山	14.22兆円	1年間で名目GDPを2%以上増やす	○公共投資等の拡大　総額12.81兆円 ・一般公共事業3.93兆円 ・災害復旧事業費0.7億円 ・科学技術・情報通信の振興、教育・社会福祉施設の整備等0.91兆円 ・土地の有効利用の促進3.23兆円 ・阪神・淡路大震災復興関連事業の推進1.41兆円 ・地方単独事業の追加要請1兆円 ・住宅金融公庫の事業規模の拡大0.52兆円 ・財政投融資の積極的な活用、等
1998月4月の総合経済対策	橋本	16.6兆円	1年間の名目GDP押し上げ効果2%程度	○21世紀を見据えた社会資本整備　総額7.7兆円 ・環境・新エネルギー特別対策事業1.6兆円 ・物流効率化特別対策事業0.8兆円 ・緊急防災特別対策事業0.8兆円 ・災害復旧事業0.2兆円 ・地方単独事業の要請1.5兆円
1998年11月の緊急経済対策	小渕	17兆円超	1年間の名目GDP押し上げ効果2.5%程度	○社会資本の重点的な整備　8.1兆円 ・一般公共事業5.7兆円 ・施設費等1.8兆円 ・災害復旧事業0.6兆円
1999年11月の経済新生対策	小渕	17兆円	1年間の名目GDP押し上げ効果1.7%程度	○21世紀の新たな発展基盤の整備　6.8兆円 ・21世紀に向けた生活基盤の整備・充実 ・基幹ネットワークインフラの整備、等

資料：小峰隆夫編「バブル／デフレ期の日本経済と経済政策　第1巻」、同「バブル／デフレ期の日本経済と経済政策　第2巻」及び内閣府ホームページより作成

とされた。

（2）公共投資の動向

　1990年代には公共投資基本計画やバブル経済崩壊後の景気対策に基づいて、公共投資が景気回復のための政策手段として中心的な役割を担った。国の公共事業関係費の推移を見ると（図2－17）、1980年代には当初予算で6兆円程度であったが、1990年代前半には増加し、1994年度には11兆円を超

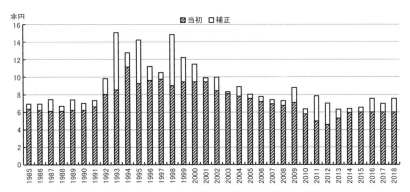

図2-17　公共事業関係費（当初・補正別）の推移（1985～2018年度）
資料：財務省資料より作成

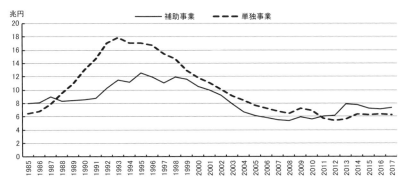

図2-18　地方自治体の普通建設事業費（補助事業・単独事業別）の推移
　　　　（1985～2017年度）
資料：総務省「地方財政白書」より作成

えている。また、当初予算が横ばいであるとしても補正予算で増額されており、特に1993年度、1995年度、1998年度には5〜6兆円程度が補正予算で増額された。これらは前述の経済政策を反映した結果である。なお、1990年代の公共投資の動向を見る際に、同時代前後の動きも捉えておく必要があるので、統計データについては可能な限り1985年から直近まで示すことにする。

　また、地方自治体の公共投資は、特に単独事業が1990年代前半に拡大している。地方自治体の普通建設事業費（投資的経費のうち災害復旧事業費及び失業対策事業費を除いたもの）を補助事業・単独事業別に見ると（図2-18）、補助事業は1980年代の8〜9兆円から1990年代には増えたものの10〜12兆円程度で比較的安定しているのに対して、単独事業は1980年代後半から急増し、1990年度の13兆円が1993年度には17.9兆円とピークになり、その後減少している。前述の1990年代の経済対策には国主導の公共投資だけではなく、国から地方自治体に対して地方単独事業の要請が盛り込まれていたが、地方単独事業が補助事業以上に景気回復のための役割を担っていたことが分かる。

　国と地方自治体を合わせた行政投資額を事業目的別に見ると（図2-19）、1990年代には生活基盤の行政投資額が増えて、例えば平成5（1993）年度には生活基盤が25.1兆円で行政投資額全体（51.1兆円）の半分を占めていた。

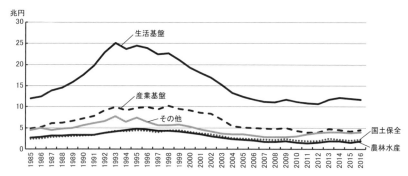

図2-19 事業目的別行政投資額の推移（1985〜2016年度）
資料：総務省「行政投資実績」より作成

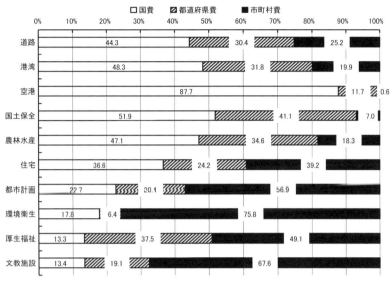

図2-20 行政投資額の事業分野別経費負担割合（2016年度）
資料：総務省「行政投資実績」より作成

　これは、公共投資基本計画が生活環境・福祉・文化機能に関する公共投資
に重視していたことや生活大国5ヵ年計画を踏まえた社会資本整備が進めら
れたことを反映している。

　なお、行政投資額の経費負担割合を事業分野別に見ると（図2-20）、道路、
港湾、空港といった産業基盤や国土保全、農林水産の分野では国費負担割
合が4割から8割以上となっているのに対して、住宅、都市計画、環境衛生、
厚生福祉、文教施設といった生活基盤の行政投資額では、国費負担割合が1
割から3割程度と低く、都道府県費や市町村費の負担割合が高いため、生活
基盤の行政投資を行うほど、地方自治体の負担が重くなることになる。

　また、行政投資実績に基づく行政投資額には用地費が含まれている。
1990年代の経済対策には前述のとおり公共用地の先行取得費用が相当盛り
込まれており、用地費が行政投資額を拡大させてきたことにも留意する必要
がある。例えば、道路・都市計画街路事業費に占める用地費の割合を見る
と（図2-21）、昭和60（1985）年から平成元（1989）年にかけて、全国では

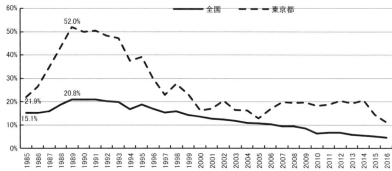

図2-21 道路・都市計画街路事業費に占める用地費の割合
（1985～2016年度）
資料：国土交通省「道路統計年報」より作成

15.1％から20.8％に上昇し、地価の騰貴が著しかった東京都では21.9％から52.0％にまで上昇したことが分かる。東京都では事業費の半分以上が用地費で占められていた。その後も1990年代には東京都では事業費に占める用地費の割合が高い状態が続いていた。

（3）景気回復を実現しない公共投資

　1990年代には景気回復のために経済政策が講じられ、公共投資が拡大した。しかし、1990年代の国の公共事業関係費と名目GDP成長率の関係を見ると（図2-22）、対前年度の名目GDP成長率がプラスで上昇したのは平成6（1994）年度（1.4％）、平成7（1995）年度（2.9％）だけで、しかも全体として上昇率よりも下降率の方が高い。平成4（1992）年から平成11（1999）年に実施された経済対策では、今後1年間に名目GDP（または名目GNP）を数％程度押し上げる効果があるとされていたが、実際には1992年度から2000年度にかけて8年間の名目GDPの伸び率は8.3％であり、公共投資による景気回復効果は限定的であった。

　なお、経済対策で示された公共投資額には前述のとおり公共用地の先行取得のための経費も含まれているが、土地の取得は国や地方自治体から地権者に所得が移転するだけで、経済成長への貢献は期待しにくい。経済対

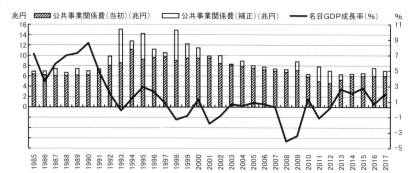

図2-22 公共事業関係費と名目GDP成長率の推移（1985～2017年度）
資料：公共事業関係費は財務省資料、名目GDP成長率は内閣府「国民経済計算」より作成

策として評価できる金額を総事業費の中から切り分ける必要があるという「真水」[8] の議論があるため、総額何兆円の公共投資すべてが経済対策として名目GDPを押し上げる要素ではないが、それでも政府が見通していた名目GDPの押し上げ効果よりも低い実績しか上げられなかった。平成9（1997）年の経済白書では、1990年代前半には、公共投資は成長率を押し上げ、景気を下支えしたものの、民間部門のストック調整やバランスシート調整等バブルの負の遺産が総需要を抑制する方向に作用し、公共投資による需要拡大効果は顕在化しなかったと記されている。

　景気回復のための効果が限定的であったにもかかわらず1990年代を通して公共投資を中心に景気回復のための経済政策が採用され続けたのは、日本を取り巻く政治や経済、社会が不安定な中にあって、即効的な景気対策として公共投資に期待する政治家や経済政策担当者の考え方が強かったことが主な要因と考えられるが、その背景には東西冷戦の終焉に伴いアメリカが日本に対して貿易不均衡の是正を求め続け、アメリカからの圧力に対して政府が公共投資による内需拡大で対応しようとしたこともあったと考えられる。

　また、昭和60（1985）年のプラザ合意による急激な円高を背景に、1980年代後半には日本企業の海外展開が拡大し、国内では産業の空洞化も進んできた。行政投資のうちの産業基盤投資額と国内の工場立地件数を見ると（図2－23）、1980年代には産業基盤投資額の増加に伴い工場立地件数が増

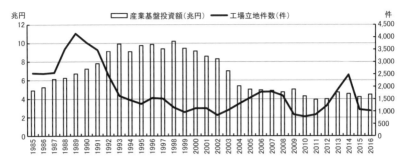

図2-23 産業基盤投資額と工場立地件数の推移（1985～2016年度）
資料：総務省「行政投資実績」、経済産業省「工場立地動向調査」より作成

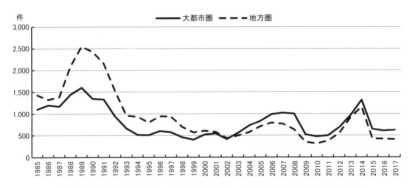

図2-24 大都市圏・地方圏別の工場立地件数の推移（1985～2017年）
資料：経済産業省「工場立地動向調査」より作成
注：大都市圏は関東内陸、関東臨海、東海、近畿内陸、近畿臨海とし、それ以外は地方圏とする。

える傾向が見られたが、1990年代には産業基盤投資額が増えても工場立地件数は減少しており、円高を背景とした製造業の海外展開の影響があったと考えられる。

　工場立地件数を大都市圏・地方圏別に見ると（図2-24）、1980年代後半の工場立地件数の増加は主に地方圏で顕著であったが、1990年代にはその地方圏で工場立地件数が急減していることが分かる。産業基盤投資額が増えても工場立地が進まないということである。産業基盤投資を通じて地方に工場立地を促進するという従来の地域活性化の考え方は、企業の海外展開

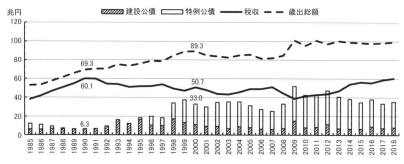

図2-25 一般会計税収、歳出総額及び公債発行額の推移（1985～2018年度）
資料：財務省資料より作成

が進む中で通用しにくくなってきたことを示している。[9]

　こうして1990年代には公共投資の拡大にもかかわらず景気回復が実現しないだけでなく、国の財政が悪化した。1990年度から2000年度にかけて、一般会計歳出総額は69.3兆円から89.3兆円に20兆円増加したが、税収は60.1兆円から50.7兆円に約10兆円減少した（図2-25）。税収の減少はバブル経済の崩壊による景気減速に伴い税収が減少したことに加えて、景気刺激策として減税策が採られたこと、公共投資による景気回復効果が期待ほど上がらなかったこと等によるものである。このため、建設国債及び特例国債を合わせた公債発行額は、1990年度の6.3兆円から2000年度には33.0兆円に5倍以上に増加した。

2-2 地方を疲弊させた公共投資

（1）地域経済における公共投資への依存度

　域内総生産に占める公的固定資本形成の割合を大都市圏・地方圏別に見ると（図2-26）、1990年から1995年にかけて、大都市圏では5.0％から6.4％へ1.4ポイント、地方圏では9.2％から11.7％へ2.5ポイント上昇している。その割合は、大都市圏では1990年代後半以降低下していくのに対して、地方圏では1990年代後半でも高い状態が続き、2000年頃から低下している。

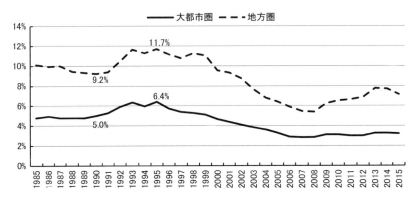

図2-26 域内総生産に占める公的固定資本形成の割合の推移
**　　　　（1985～2015年度）**
資料：内閣府「県民経済計算」より作成

　地方圏では大都市圏に比べて人口が少なく、土地利用効率が低いため、同様の行政サービスを住民に提供するための効率性は低くなりがちであり、また人口や産業・経済機能の集積が大都市圏に比べて少ないため、同じ公共投資が行われても誘発される民間投資や民間消費の量が小さい傾向にあるため、地方圏では大都市圏に比べて域内総生産に占める公的固定資本形成の割合は高くならざるを得ないと考えられる。1990年代以降、地方経済における公共投資依存の体質が批判されたが、地方圏は大都市圏に比べてもともと公共投資に依存する割合が高い。大都市圏では公共投資が民間投資を誘発して民間による財やサービスの提供が行われるが、地方では大都市圏に比べて民間投資の誘発が小さいので公共投資に頼らざるを得ない事情がある。

　域内総生産に占める公的固定資本形成の割合を5年ごとに見ると（表2－3）、第1に域内総生産に占める公的固定資本形成の割合が地方圏で高く、大都市圏では低いことが分かる。1991～1995年度の割合を見ると、沖縄（15.3％）、山陰（14.4％）、北海道（13.5％）、東山（13.5％）、南九州（12.8％）、東北（10.9％）、四国（10.6％）では10％を超えているのに対して、南関東（5.2％）、東海（5.9％）、北関東（6.9％）、近畿臨海（7.2％）、近畿内陸（7.4％）

表2-3 域内総生産に占める公的固定資本形成の割合（1986〜2015年度）

	1986-1990	1991-1995	1996-2000	2001-2005	2006-2010	2011-2015
全国計	6.5%	7.7%	7.2%	5.2%	3.9%	4.5%
北海道	12.9%	13.5%	13.6%	9.8%	7.6%	8.3%
東北	9.6%	10.9%	10.8%	7.8%	5.5%	10.3%
北関東	5.8%	6.9%	6.9%	4.8%	4.1%	5.1%
南関東	4.3%	5.2%	4.2%	3.1%	2.5%	2.6%
北陸	8.7%	10.0%	10.3%	7.8%	6.3%	7.3%
東山	9.8%	13.5%	11.3%	7.2%	4.9%	5.9%
東海	4.9%	5.9%	5.6%	4.4%	3.2%	3.0%
近畿内陸	6.3%	7.4%	7.1%	5.7%	3.8%	4.4%
近畿臨海	5.5%	7.2%	6.3%	4.2%	3.0%	3.4%
山陰	12.3%	14.4%	16.1%	12.0%	9.4%	10.0%
山陽	7.3%	8.9%	8.4%	5.9%	4.3%	4.4%
四国	9.8%	10.6%	10.7%	7.8%	5.1%	6.4%
北九州	7.8%	8.1%	8.2%	6.5%	4.9%	5.3%
南九州	10.5%	12.8%	12.3%	8.5%	6.5%	7.2%
沖縄	14.0%	15.3%	14.7%	11.5%	9.2%	10.3%
大都市圏	4.9%	6.0%	5.3%	3.8%	2.9%	3.1%
地方圏	9.6%	10.9%	10.7%	7.8%	5.8%	7.2%

資料：内閣府「県民経済計算」より作成
注：大都市圏は北関東、南関東、東海、近畿内陸、近畿臨海で、その他は地方圏とする。

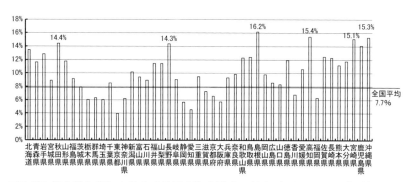

図2-27 県内総生産に占める公的固定資本形成の割合（1991-1995年度）
資料：内閣府「県民経済計算」より作成

では低い。第2に、地方圏について1986〜1990年度と1991〜1995年度の公的資本形成の割合を比較すると、東山で3.7ポイント、南九州で2.3ポイント、山陰で2.1ポイント、山陽で1.6ポイント、東北と北陸と沖縄で1.3ポイント上昇している。第3に、2000年代に、地方圏では割合を急速に低下させている。つまり、もともと地域経済を公共投資に依存する傾向が強い地方圏

では、1990年代に公共投資への依存度を高めたものの、2000年代に、公共投資への依存度を急激に低下させてきたということである。

なお、平成3〜7（1991〜1995）年度の県内総生産に占める公的固定資本形成の割合を県別に見ると（図2-27）、最高は島根県の16.2%で、ついで高知県15.4%、沖縄県15.3%、宮崎県15.1%と続き、最低は東京都の4.0%であった。

域内総生産の構成割合を見ると（表2-4）、北海道、東北、山陰、南九州、沖縄のように公的固定資本形成の割合が高い地域では政府最終消費支出の割合も高い。政府最終消費支出は政府による消費財への支払い、公務員給与、医療保険や介護保険の政府負担分給付等である。また、公的固定資本形成の割合が高い地域では、財貨・サービスの移出入の割合が負の高い数値を示している。財貨・サービスの移出入は域外への財貨・サービスの販売額（移出）と域外からの購入額（移入）の差額である。これらのことから、域内総生産に占める公共投資の割合が高い地域は、高齢化、人口減少、地域の衰退等の問題を抱え、民間部門の産業・経済活動により自立的な地域づくりを行うことが難しい状況になっていることがうかがえる。

表2-4　域内総生産の構成割合（2015年度）

	民間最終消費支出	政府最終消費支出	民間固定資本形成	公的固定資本形成	在庫品増加	財貨・サービスの移出入
全国計	54.6%	18.9%	15.7%	4.5%	0.2%	6.0%
北海道	63.1%	24.7%	11.4%	7.8%	0.9%	-7.9%
東北	57.0%	26.2%	17.3%	11.5%	0.3%	-12.2%
北関東	48.8%	19.1%	16.5%	5.4%	0.5%	9.6%
南関東	52.3%	16.3%	13.9%	2.7%	0.0%	14.8%
北陸	57.1%	20.6%	17.1%	6.0%	0.4%	-1.3%
東山	56.0%	19.7%	16.4%	5.7%	0.5%	1.7%
東海	48.8%	13.9%	18.8%	3.0%	0.2%	15.3%
近畿内陸	63.5%	20.1%	15.5%	4.1%	0.5%	-3.8%
近畿臨海	58.8%	17.3%	15.2%	3.6%	0.1%	4.9%
山陰	60.4%	30.6%	16.0%	9.3%	-0.4%	-16.0%
山陽	52.3%	20.6%	17.4%	4.5%	0.1%	5.2%
四国	59.8%	25.7%	15.1%	6.5%	0.2%	-7.3%
北九州	58.7%	23.0%	16.7%	5.4%	0.4%	-4.2%
南九州	60.4%	27.6%	17.4%	6.3%	0.2%	-11.9%
沖縄	61.2%	30.2%	17.9%	10.6%	0.2%	-20.2%
大都市圏	53.0%	16.4%	15.4%	3.2%	0.1%	11.8%
地方圏	57.9%	24.0%	16.3%	7.2%	0.3%	-5.7%

資料：内閣府「県民経済計算」より作成
注：大都市圏は北関東、南関東、東海、近畿内陸、近畿臨海で、その他は地方圏とする。

（2）地方債の増加と地方自治体の国への依存

　地方の歳出総額は、平成2（1990）年度の78.5兆円から平成11（1999）年度には101.6兆円に拡大した（図2-28）。このうち、1990年代前半に国から地方単独事業の要請が行われたことを背景に、歳出総額に占める土木費の割合は平成2（1990）年度の22.3％から平成5（1993）年度には24.3％に上昇したが、平成12（2000）年度には20.0％にまで低下し、その後さらに低下傾向にある。

　地方の歳入割合の推移を見ると（図2-29）、平成2（1990）年度から平成12（2000）年度にかけて、地方税＋地方譲与税は43.7％から36.1％に低下しているのに対して、地方交付税は17.8％から21.7％に上昇し、地方債は平成

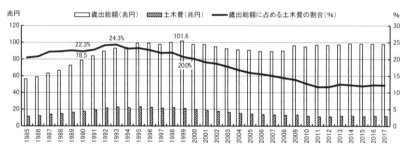

図2-28 地方の歳出総額と土木費の推移（1985〜2017年度）
資料：総務省「地方財政統計年報」より作成

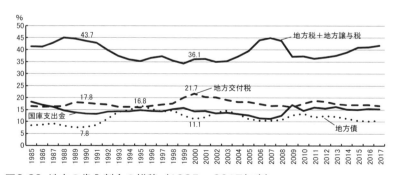

図2-29 地方の歳入割合の推移（1985〜2017年度）
資料：総務省「地方財政統計年報」より作成
注：決算額である

2（1990）年度の7.8％から平成7（1995）年度には16.8％に上昇し、平成12
（2000）年度には11.1％となっている。前述のとおり歳出が拡大する中、税収
減を補うために、1990年代前半には地方債の割合を増やし、1990年代後半
には地方交付税の割合を増やすことで地方の歳入を維持していたことが分
かる。その後小泉内閣の三位一体改革により、国から地方への税源移譲、
国庫補助負担金の縮減、地方交付税の抑制が行われたため、平成13（2001）
年度から平成18（2006）年度頃までは地方税＋地方譲与税の割合が上昇し、
地方交付税、国庫支出金の割合が低下する傾向となっている。

　普通建設事業費の財源を見ると（図2-30）、平成2（1990）年度から平成
10（1998）年度にかけて、一般財源等[10]の割合が50.7％から24.6％へと半減
しているのに対して、地方債の割合は24.4％から45.0％へと上昇している。
普通建設事業の主な財源は、一般財源等から地方債に転換した。

　1990年代に税収が減少していても、なぜ地方自治体は普通建設事業を継
続することができたのか。それは、地方自治体が地方債を発行する際に、元
利償還金の一部を将来国が地方交付税で措置する仕組みがあるからである。
地方交付税が交付されない地方自治体では税収減により単独事業は削減さ
れるが、地方交付税が交付される地方自治体では税収減があっても地方交
付税で補てんされるため、単独事業を行うことができる。1990年代の経済
対策では国が地方自治体に対して地方単独事業を行うように要請していた

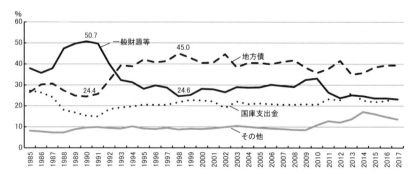

図2-30　普通建設事業費の財源割合の推移（1985～2017年度）
資料：総務省「地方財政白書」より作成

が、地方単独事業を促進するために国は地方交付税の交付対象である地方自治体に対して地方債と地方交付税をセットにした財政支援策を充実させてきた。前述のとおり公的固定資本形成が、大都市圏では1990年代後半以降低下していくのに対して、地方圏では1990年代後半でも高い状態が続いていたのは、地方交付税対象の地方自治体が地方圏では多いのに対して、大都市圏では比較的少ないという背景もある。

　地方交付税の財源は全国各地から徴収される国税である。地方交付税の交付対象である地方自治体は自らの税収が減少していたとしても、国の方針に基づいて地方債を発行する場合、後年度に地方交付税で措置してもらえるため、地方自治体に負担感がなく、地方債の発行は増加しやく、事業の効率性は低下しやすい。また、地方自治体は自らの考えではなく国の方針に基づいて事業を実施する傾向が強く、地方自治体の自立性・自主性を弱めることにもなる。

(3) 地域間の相互扶助

　地域間の格差を是正するために、国が財政政策により調整を行っている。平成27〜29（2015〜2017）年度の都道府県別歳入内訳を地方税の割合が多い順に見ると（表2-5）、全国計よりも地方税の割合が高いのは主に大都市圏の8都府県であり、全国計よりも低いのは主に地方圏の39道県である。

　地方税、地方譲与税、地方交付税の3税は地方公共団体が使途を自由に使える一般財源であるが、地方税が少ない地域には国により地方交付税が配分されて財政需要を賄うように調整されている。また、使途が限定されている国庫支出金についても、国の判断により調整が行われて、米軍基地負担が大きいとされる沖縄県や福島第一原発事故が発生した福島県などには多く支出されている。

　大都市圏から徴収された税金を、国が地方交付税や国庫支出金等の形で再配分し、それによって地域間の格差の是正が行われてきたということである。かつて「3割自治」という言葉がよく使われた。地方自治体の歳入に占める地方税の割合が3割にすぎないという意味である。歳入に占める地方税

表2-5　地方税割合が多い順の都道府県別歳入内訳
　　　　（2015～2017年度の3ヵ年平均）

	歳入内訳（%）						歳入総額
	地方税	地方譲与税	地方交付税	国庫支出金	地方債	その他	（億円）
東京都	73.0	3.5	－	5.2	2.1	16.3	72,044
神奈川県	62.8	6.3	4.9	7.9	9.8	8.2	20,163
愛知県	55.0	5.4	3.4	8.9	12.2	15.0	22,815
埼玉県	50.6	5.8	12.0	9.6	13.9	8.1	17,323
静岡県	47.3	5.1	13.1	10.7	13.8	10.1	11,636
千葉県	47.2	5.1	10.7	10.2	10.7	16.1	16,874
大阪府	47.2	5.2	9.7	8.7	10.3	19.0	27,646
広島県	41.5	5.1	19.6	11.1	11.7	11.0	9,215
全国計	39.4	4.0	17.2	12.1	10.7	16.5	515,208
福岡県	38.4	4.7	16.0	11.7	14.6	14.6	16,858
群馬県	37.4	4.4	16.5	11.9	14.3	15.5	7,447
栃木県	37.3	4.3	16.0	11.7	11.7	18.9	7,638
京都府	36.8	4.5	19.1	9.3	13.5	16.9	9,058
三重県	36.6	4.4	19.9	11.5	17.9	9.7	6,942
茨城県	36.6	4.3	18.3	12.0	12.1	16.8	10,944
兵庫県	36.5	4.2	15.5	9.3	14.5	20.0	19,582
滋賀県	36.4	4.5	22.7	11.5	14.4	10.6	5,095
岡山県	35.2	4.5	23.7	9.9	11.4	15.3	6,982
岐阜県	34.3	4.4	22.5	11.6	15.5	11.7	7,754
長野県	33.1	4.3	25.0	12.5	13.0	12.1	8,257
香川県	29.8	3.7	24.5	9.9	13.1	19.1	4,517
石川県	29.8	3.7	23.4	12.0	14.7	16.5	5,464
富山県	29.2	3.7	25.7	11.3	13.3	16.9	5,068
奈良県	29.1	3.9	31.0	12.3	15.0	8.7	4,995
北海道	28.0	3.8	26.5	15.0	14.5	12.1	24,285
山口県	27.7	3.7	26.9	12.6	13.6	15.5	6,391
新潟県	27.6	3.7	24.8	13.7	14.9	15.4	10,606
福井県	26.3	3.1	28.6	16.8	12.8	12.4	4,568
愛媛県	26.3	3.7	26.8	12.4	12.4	18.5	6,274
山梨県	24.6	3.0	27.7	12.0	13.8	18.9	4,687
宮城県	24.1	2.7	16.3	21.6	5.5	29.8	13,717
青森県	23.8	3.2	32.4	15.4	9.5	15.7	6,942
大分県	23.5	3.5	30.3	14.9	12.8	15.0	5,725
佐賀県	22.4	3.1	32.8	13.2	12.3	16.2	4,449
山形県	22.2	3.4	31.2	11.7	12.9	18.6	5,798
鹿児島県	22.2	3.5	34.0	17.8	12.7	9.8	7,975
熊本県	21.6	3.1	26.2	19.2	13.4	16.4	9,193
長崎県	20.2	3.2	31.8	16.1	14.4	14.3	6,982
宮崎県	19.9	3.1	30.3	13.6	10.2	22.9	6,105
和歌山県	19.5	2.9	31.3	13.2	13.9	19.1	5,455
沖縄県	19.1	2.8	28.3	30.9	7.4	11.5	7,429
徳島県	19.0	2.7	30.6	11.1	10.5	26.0	4,843
秋田県	18.7	3.0	32.4	12.0	12.9	21.0	6,055
鳥取県	18.0	2.9	38.6	13.8	13.6	13.0	3,598
高知県	17.2	2.8	37.6	15.6	15.7	11.1	4,623
島根県	15.9	2.6	36.4	14.1	12.2	18.8	5,060
福島県	14.2	1.7	14.2	29.0	5.7	35.1	19,008
岩手県	13.9	2.0	26.9	18.4	6.9	31.8	11,123

資料：総務省「地方財政統計年報」（平成27～29年度）より作成

の割合を都道府県別に見ると、東京都（73.0％）の「7割自治」から岩手県（13.9％）などの「1割自治」まである。

　大都市圏で徴収した税金を、国が地域の状況を判断して公共投資に配分したり、あるいは国が地方自治体に地方交付税や国庫支出金等により配分して地方自治体の財政需要を賄っているのが日本の実態である。大都市圏の地方自治体からすると、自らの地域内で得た税金を地域内に公共投資して民間投資を誘発してさらに発展する可能性があることを阻害する一方で、地方圏の地方自治体からすると、実質的に財政赤字が続き単独では公共投資などできない状態にあるにもかかわらず国からの配分により公共投資を行うことが可能となっている。国が調整する地域間の相互扶助の考え方は、地域間の財源の不均衡を調整する役割を担う一方で、地方自治体の自立性・自主性を弱めるという側面もある。

2-3 1990年代の公共投資と経済成長から学ぶこと

　1990年代の公共投資と経済成長の考察を通じて、以下の3点を学ぶことができる。

①経済発展に貢献しない公共投資が公共事業批判を盛り上げた

　1990年代には景気回復のための公共投資が繰り返し行われたが、期待されたほど経済発展には貢献しなかった。このため、この時期の公共投資に対する批判は多い。[11] それにもかかわらず、国の指導者は景気回復のための公共投資を繰り返した。なぜ、経済発展に貢献しない公共投資を続けたのか。その背景には、金融政策や減税などを行っても、景気が回復しない状況の中で、短期的に経済成長を実現するための手段として公共投資に頼る考え方が国の指導者に強かったことが基本にあり、それに加えて、貿易不均衡の是正を求めるアメリカからの要求に応えて公共投資による内需拡大を行わなければならないという考え方が強かったと考えられる。

　伊東光晴は、1990年代不況下での政府支出増は民間企業の在庫減、投資

減によって相殺され、社会全体の投資増にはならず、その結果、巨額の国債の累積と不況の進行を招き、多大な期待への反動として、ケインズ政策を否定する風潮を生み出したと述べている。[12] 1990年代の経済発展に貢献しない公共投資は、景気回復や税収増をもたらすことができず、公債発行を増やして国や地方自治体の財政の悪化を招き、公共事業批判を盛り上げる一因になった。

②短期的な景気刺激策が地方を疲弊させた

　1990年代の公共投資では、国主導の公共投資だけではなく、地方単独事業の要請が盛り込まれて、主に地方が景気回復のための役割を果たすことになった。地方交付税が交付されない大都市圏の地方自治体の場合には、税収減により単独事業は削減されるが、地方交付税が交付される地方自治体の場合には税収減があっても国による地方債と地方交付税をセットにした財政支援策により単独事業を拡大することができた。この過程で、地方の地方自治体は公共投資への依存度を高め、財源を地方債と地方交付税に頼るようになり、財政を悪化させるとともに、国への依存度を高めることにより地方自治体としての自立性・自主性を弱めてきた。

　地方が景気回復のための主要な役割を果たした1990年代の公共投資は景気回復を実現せず、地方の財政悪化をもたらした。この結果、公共投資に頼る自民党内の勢力を排除したいとする政治的な動きも重なり、公共事業批判が行われるようになり、振り子が振れるように平成9 (1997) 年の橋本内閣や平成13 (2001) 年の小泉内閣により公共投資が削減されることになった。効率性が重視される中で、大都市圏の公共投資が重視され、地方の公共投資は削減されることになり、地方はさらに疲弊することになった。

③景気対策としての公共投資はあるべき国の姿を実現することに必ずしも役立たない

　景気が悪い時に公共投資を行い、景気が回復すれば公共投資をやめるという考えは、机上の経済学では通用しても、土木の現場ではありえない。土

木の現場では調査、計画、用地、設計、施工等の作業が行われ、事業の着手から完成までに長期間を要する。事業が完成しても、その効果が発現するまでには相当の年月を要する。公共投資により整備される社会資本のストック効果は、社会資本が長期間にわたって経済・産業活動の生産性の向上や住民生活の向上を継続的にもたらし、それを地域の人々が有効に活用して地域の発展につなげるというプロセスを経て初めて発揮されるからである。それにもかかわらず、景気回復のための公共投資では今後1年間に名目GDPを何%押し上げる効果があると、フロー効果だけで表現される。

公共投資の増減により短期的に経済成長率を調整する経済の考え方は、事業の着手から効果の発現までに長期間を要する土木の考え方とは一致しないことが多い。このため、景気対策としての公共投資は、あるべき国の姿を実現することに必ずしも役立たない。

3. 1960年代と1990年代の公共投資の比較

1960年代と1990年代の公共投資の違いを明らかにするために、以下の3点で比較する。

(1) 公共投資の目的

1960年代の公共投資は、社会資本の充実を経済発展の基盤として位置づけ、日本経済を発展させ、国民生活を豊かにすることを目的としていた。昭和35 (1960) 年に池田内閣が閣議決定した国民所得倍増計画では、社会資本が生産資本に対して相対的に立ち遅れ、成長のあい路になっているとして、社会資本の充実を経済発展の基盤として位置づけ、1) 産業基盤強化のための道路、港湾、空港、電信電話、工業用地、用水等の立地条件の整備、2) 都市問題の緩和のための住宅・生活環境施設等の生活基盤の拡充、3) 災害防除のための国土保全施設の強化等に重点を置くこととした。こうした社

会資本の充実をもとに、政府は民間投資や産業構造の転換を誘導するなどして国民総生産の規模を10年間に倍増することを目標とした。また、国民所得倍増計画では、目前の応急的な効果にのみ捉われるのではなく、将来のより充実した国富を実現するための投資に留意すべきであると長期的な視点を強調していた。

　これに対して、1990年代の公共投資は、アメリカからの要求に応じて内需拡大のために公共投資を拡充することと、バブル経済崩壊後の景気回復が目的であった。平成2（1990）年の日米構造問題協議を踏まえて、海部内閣は平成3（1991）年度から10年間で430兆円を投資する公共投資基本計画を閣議了解し、アメリカからのさらなる要求に応えて平成6（1994）年に村山内閣で公共投資基本計画は改定され、平成7（1995）年から10年間に630兆円に規模が拡大された。公共投資基本計画は、生活環境・福祉・文化機能に関する公共投資に重点が置かれ、地方を重視した公共投資の配分が行われた。また、1990年代にはバブル経済崩壊後の景気対策や円高による経済情勢の悪化に対する経済対策が実施された。平成4（1992）年から平成11（1999）年の間に10の経済対策が実施されたが、その中で公共投資に関しては公共事業の拡大や施行促進、公共用地の先行取得、地方単独事業の追加要請等の対策が示され、これらの経済対策により今後1年間に国民総生産または国内総生産を何％押し上げる効果があるとされた。

　1960年代の公共投資では社会資本の充実を経済発展の基礎として位置づけ長期的な視点に立って国づくりが考えられていたのに対して、1990年代の公共投資では主に公共投資基本計画と短期的なフロー効果が重視されていた。この背景には時代性の違いがあると考えられる。1960年代は日本が終戦後の混乱期から立ち直り、発展に向かって始動していた、いわゆる右肩上がりの時期であり、1990年代は東西冷戦が終結し、アメリカが日本を経済戦争の相手とするようになるとともに、バブル経済の崩壊により景気低迷が続き、さらにいわゆる55年体制が崩壊し連立内閣が誕生して首相が頻繁に変わるなどして政治や社会が混乱していた時期であった。このため、1990年代には、公共投資についても、長期的な視点で日本の国をどうするかとい

うことよりも、目先の問題解決を優先する考え方が支配的になったと考えられる。

(2) 目標へのプロセス

　1960年代には、国民所得倍増計画における社会資本の充実という方針を踏まえて、公共投資が拡大された。公共投資の重点は産業基盤強化のための道路、港湾、用地、用水等の整備に置かれ、大都市圏に重点的に投資が行われた。公共投資の拡大は主に大都市圏での民間投資を誘発し、国民所得倍増計画がめざした産業構造の高度化、就業構造の変化が起こった。地方から大都市圏への人口移動が行われ、大都市圏で高度化した産業が求める労働力を提供する一方で、都市への人口移動と世帯数の増加は耐久消費財の内需を生み出した。国民所得倍増計画の目標年には、国民総生産の実績値は目標値の150%以上という成果をあげた。しかし、高度経済成長の過程で、大都市圏では交通問題、住宅問題や公害などの問題が発生し、昭和40 (1965) 年の中期経済計画で成長政策の手直しが行われ、1960年代後半からは産業基盤整備とともに住宅・生活環境整備も重視されるようになった。

　1990年代には、公共投資基本計画や景気回復のための経済政策により、国と地方自治体の公共投資が拡大した。しかし、プラザ合意後の円高を背景に、日本企業の海外展開が拡大し、国内では産業の空洞化が進み、1990年代には産業基盤投資を増やしても工場立地はそれほど増えなかった。公共投資基本計画や生活大国5ヵ年計画を踏まえて公共投資の重点は生活基盤に置かれたが、生活基盤の公共投資では地方自治体の負担割合が高いため地方自治体の負担が拡大した。税収が減少する中で、地方自治体は地方債の発行で対応し、国は元利償還金の一部を地方交付税で補てんすることで財政支援した。この結果、1990年代には公共投資関連の公債額が増加し、国と地方自治体の財政は悪化した。もともと地域経済を公共投資に依存する傾向の高い地方では、1990年代に公共投資への依存度を一層高めたが、2000年代以降の公共投資の削減により地方財政はさらにひっ迫することになった。平成4 (1992) 年から平成11 (1999) 年の間に実施された経済対策で

は、今後1年間に国民総生産または国内総生産を何％押し上げる効果がある
とされたが、実際には平成4（1992）年度から平成12（2000）年度にかけて9
年間の名目国内総生産の伸び率は8.3％であり、公共投資の増加自体が国内
総生産を増加させる要因であることを考えると、1990年代の公共投資によ
る経済効果は限定的であった。

　1960年代の公共投資が目標を大きく上回る成果を上げたのに対して、
1990年代の公共投資による経済効果は限定的であった。1960年代は日本が
先進国に至るキャッチアップの過程であったのに対して、1990年代は高度
成長から安定成長への移行を経てバブル経済の崩壊後の政治・社会の混乱
期にあったという置かれた条件の違いがあったが、その上、目標へのプロセ
スの違いがあった。1960年代は国民所得倍増計画に基づいて公共投資の規
模や内容が決められ、計画的に土木事業が実施されたのに対して、1990年
代はその時々の目先の問題解決のために経済対策が講じられ、公共投資で
は主に短期的なフロー効果が重視されていた。

（3）国民の期待

　1960年の国民所得倍増計画は、一般の国民には新鮮に映ったことであろ
う。日米安保闘争や労使闘争の時代が続いて、国民は新たな時代が到来す
ることを望んでいた。そこに発表された国民所得倍増計画は、国民所得が2
倍になれば、肉や牛乳、卵、加工食品を食べることができ、自動車などの耐
久消費財を購入でき、一戸建てに住むことができるなど、国民の将来に希望
を与える内容になっていた。おいしいものを食べたい、いい暮らしがしたい
という国民の欲求を実現させるために自分たちも頑張ろうという気持ちにさ
せたのが国民所得倍増計画であった。政府は国民の潜在的な能力を理解し
て、計画と目標を提示して国民を導いた。国民は政府が示した計画と目標に
誘導されて、豊かな暮らしをめざして懸命に働いた。その結果が高度経済
成長に結びついた。

　これに対して、1990年代に公共投資基本計画に基づいて施策が講じられ
たことやバブル崩壊後の景気対策として公共投資が行われたことも、一般の

多くの国民には知られていないだろう。一方で、1990年代には自然環境破壊、政官財の利権構造、国・地方自治体の財政悪化等のさまざまな面から公共事業批判が高まっていた。公共投資に対する国民の理解が十分に得られない中でも、政治家や行政など国の指導者が1990年代に公共投資に力を入れたのは、第1に金融政策や減税を行っても、景気が回復しない状況の中で、短期的に経済成長を実現するための手段として公共投資に頼るフロー効果重視の考え方が国の指導者に強かったことが基本にあり、第2に貿易不均衡の是正を求めるアメリカからの要求に応えて公共投資による内需拡大を行わなければならないという考え方が強かったこと、第3にいわゆる55年体制の崩壊を経て政治が不安定になる中で国民の支持を得るために住民生活に身近な生活基盤整備を重視することが得策だという考え方が強かったことなどによると考えられる。

　社会資本整備の歴史的考察から、公共投資による社会資本整備推進の要件として、1) 推進主体の意思、2) 推進主体への支持、3) 社会の安定、4) 制度、5) 資金、6) 技術革新の6つがあげられ、このうち特に1) 推進主体の意思と2) 推進主体への支持が重要であると考えられる。[13] 公共投資により社会資本整備を進めたいという推進主体の意思が、国民に支持されることが重要である。経済発展は国の指導者が計画を策定し、対策を講ずれば実現できるものではない。経済活動を実践するのは国民である。このため、希望を持てる目標を掲げて、目標に向かって国民が頑張れば、国民の生活が良くなることをイメージできるように、国民を導くことが重要である。社会資本整備推進の要件に照らしてみると、1960年代の公共投資では計画と目標を示して国民を誘導した政府の意思を国民が支持していたのに対して、1990年代の公共投資は政府に対する国民の理解や支持がなかった、もしくは不足していたと言える。

<注>

1) 明石茂生「新長期経済計画の見直しから国民所得倍増計画の策定まで」（総合研究開発機構 (NIRA) 戦後経済政策資料研究会編「国民所得倍増計画資料　第19巻」解説 x ～ xv）

2) 昭和35年度を基準とすると、成長率は年率7.2%となる。

3) 武田晴人「『国民所得倍増計画』を読み解く」60頁

4) 国民所得倍増計画は目標値を上回る成果をあげたが、下村治は所得倍増政策にとって不幸だったことは3分の2くらいの大部分の期間を高度成長反対論の政府が経済を誘導することになったことであると述べている。佐藤内閣では成長率が高いことが良くないという発想が出て、国民のために高度成長の成果を生かすよう努力するというのではなく、公害などの問題が出ると所得倍増論の結果だという感じで扱われるようになったという。このため、例えば公害問題が出てくるときに、高度成長論の立場からいうと、それを成長の中でできるだけ早く吸収し、解消することを強力に進めることになったに違いないが、それは自分の責任ではないという立場の人からすると、あまり熱を入れてやらないということになりがちだったのではないかという趣旨の話をしている。(エコノミスト編集部編「証言・高度成長期の日本（上）」28-29頁)

5) 明治から戦前の大都市圏・地方圏別の公共投資と民間投資に関する考察は、山本基「社会資本整備と国づくりの思想」26 ～ 32頁を参照。

6) 吉川洋は、昭和30 ～ 40年代に人口が農村から都市に流れ、これが工業部門に安価で教育水準の高い豊富な労働力を供給して供給側で高度経済成長を支えたというメカニズムを明らかにするとともに、需要面でも人口移動と世帯数の増加が内需を生み出したことを指摘している。(吉川洋「日本経済とマクロ経済学」84頁)

7) 公共投資基本計画では、公共投資を下水道、都市公園、廃棄物処理施設、住宅・宅地の整備等の「生活環境・福祉・文化機能」に重点的に配分すること、及び地域間格差の是正に留意し東京圏には新たな集中を招くことがないよう配慮することが明記されていた。

8) 小峰隆夫編「バブル／デフレ期の日本経済と経済政策　第1巻」417-418頁

9) 1990年代以降の企業の海外展開については、山本基「社会資本整備と国づくりの思想」158-167頁を参照。

10) 一般財源等とは、一般財源（地方税、地方譲与税、地方特例交付金及び地方交付税の合計額）のほか、財源の使途が特定されず、どのような経費にも使用できる財源を合わせたものである。

11) 小峰隆夫は景気対策として財政を活用することについて、もともと経済学者の間では否定的な見方が多かったと述べ（小峰隆夫「日本経済の構造変動」174頁）、大来洋一は政府の需要追加策が長期的に成長率を押し上げたという証拠は存在しないのではなかろうかと述べている（大来洋一「戦後日本経済論」169頁）。

12) 伊東光晴「現代に生きるケインズ」137頁

13) 山本基「社会資本整備と国づくりの思想」17 ～ 19頁

第3章

経済と土木から見た公共投資

　第2章で示したように、1960年代には公共投資が経済発展に貢献したが、1990年代には公共投資が景気回復を実現しないだけでなく、国、地方自治体の財政悪化などをもたらし、公共事業批判を盛り上げる一因にさえなった。公共投資と経済発展との関係は時代背景や公共投資を取り巻く環境の違いなどに影響されるため、その関係が時代によって変化することはあるが、第3章では公共投資に関する経済と土木の考え方を整理し、経済と土木からみた今日の公共投資の課題を考察する。

1. 経済から見た公共投資

1-1 マクロ経済学における公共投資の捉え方

（1）財政政策としての公共投資

　マクロ経済学はアメリカの標準的な教科書が翻訳されて利用されており、その国の事情を考慮したその国の経済学者が書いた教科書でも、内容に極端な違いがあるわけではなく、アメリカでも中国でもフランスでも通用するという。[1]

　現代のマクロ経済学の基礎は、ケインズ「雇用・利子および貨幣の一般理論」によって構築された。古典派経済学では、市場は自律的に調整されるため、失業者が出ても、自由な市場に任せておけば賃金が下がるので企業は雇用を増やすメリットが出るため、長期的には失業は存在しないとされていたが、1930年代の世界大恐慌時には賃金が下がっても失業はなくならなかった。ケインズは、資本主義経済は放置しておくと不況になり、失業が発生することを明らかにし、失業をなくすためには政府による財政政策や金融政策などを講じる必要があるとした。

　将来の見通しがある程度確実な場合には、経済主体は金融緩和により得られる貨幣を消費や投資に使うため有効需要が拡大する。しかし、将来へ

の不安から貨幣の退蔵が起きている場合には、経済主体は貨幣を消費や投資に使わないため、金融政策は無効になる。このため、ケインズは、将来の見通しが立たない場合には、経済主体に代わって政府が公共投資を行い、有効需要を拡大することを唱えた。

　このケインズの考え方に基づき、景気が悪化している時には、民間の需要不足を補うために政府による公共投資を増やし経済全体の需要を拡大して景気を回復させるという考え方が導き出された。ただし、伊東光晴によると、公共投資がその乗数倍だけ有効需要を生み、不況対策に効果を生むという幻想はアメリカのケインジアンがつくり出したものであり、テキストブックによりその理解が一般に広められたという。これは、公共投資を誘い水として消費支出への刺激と民間投資の増加を誘発させようとするケインズの「呼び水政策」の考え方とは異なると述べている。[2]

(2) マクロ経済学における公共投資の留意点

　マクロ経済学の標準的な教科書の中で扱われている公共投資については、以下の2点に留意する必要があると考えられる。

　第1に、財政政策としての公共投資の有効性については、専門家の間でも議論が続いていることである。マクロ経済学の標準的な教科書では、財政政策としての公共投資の有効性をめぐってケインジアンと新古典派の間で論争が展開されてきたことが記されている。ケインジアンは需要不足の時には財政政策により政府支出を増やして景気を回復させることが重要だと考えるのに対して、新古典派は市場の価格調整メカニズムが機能するため、政府支出を増やす財政政策は意味がなく、財政収支の均衡を図ることを重視すべきだと主張し、時代とともに両者の勢力関係は変化してきたという。1950〜60年代には、ケインズ経済学がアメリカなど主要工業国の経済政策に反映され、世界経済が比較的順調に発展したが、1970年代に入って世界的なインフレと経済の停滞に悩まされるようになり、ケインズ経済学の限界が明らかになったと言われた。そこで、フリードマンなどの新古典派の勢力が拡大し、政府が経済に過度に介入する姿勢は好ましくないと

する新古典派の考え方が各国の経済政策に浸透して、欧米などの主要国では物価の安定や安定的な経済環境が維持されるようになった。しかし、2008年にリーマンショックが起こり、各国は巨額の財政資金を投じて景気回復を図る政策を講じることになり、ケインズ経済学が復権を果たした。伊藤元重によると、ケインジアンと新古典派のどちらの議論にも耳を傾けるべきところがあり、近い将来、両者の間に決着がつくとは思えないという。[3] 財政政策としての公共投資の有効性をめぐっては、専門家の間でも議論が続いているということである。

　第2に、マクロ経済学の標準的な教科書では、公共投資の長期的なストック効果が触れられず、短期的なフロー効果だけが扱われていることである。しかも、政府支出は社会的に意味のあるものへの投資にこしたことはないが、たとえ「穴を掘っては埋める」[4] という社会的に意味のない活動であっても、需要を拡大して景気を刺激するという点では意義がある、と記述されている。ケインズ「雇用・利子および貨幣の一般理論」では公共投資によるフロー効果だけでなく、ストック効果にも着目した記述が確認できるが、ヒックスらが単純化したことにより、「穴を掘っては埋める」という浪費的な公共投資ですら乗数効果があるという点が強調されすぎた。結果的に、ケインズが意識していた公共投資のストック効果は、マクロ経済学の標準的な教科書からは削除されることになった。[5] このことは、公共投資について、短期的にどれだけGDPを拡大したかどうか、またどれだけ財政悪化をもたらしたかという判断基準で評価する人を増やすことになり、1990年代以降の公共投資がGDPの拡大にあまり貢献せず、財政悪化を招いたことから、公共事業批判を高める一因になってきたと考えられる。また、「穴を掘っては埋める」ことでも景気刺激に意義があると考えることは、緊急雇用対策などのお金のばらまきや、活用されない構造物の築造、将来に残らない投資の仕方を許容することにつながり、これも公共事業批判を高める一因となったと考えられる。

1-2 公共投資の経済効果

(1) 公共投資の経済効果の捉え方

　公共投資の効果は、フロー効果とストック効果に分けられる（図3−1）。フロー効果とは、公共投資により生産、雇用及び消費の経済活動が創出され、経済全体が拡大する効果であり、短期間で把握される。一方、ストック効果は、公共投資による社会資本の整備により産業・経済活動の生産性の向上や国民生活の向上を継続的にもたらす効果であり、長期間で把握される。公共投資の効果の中でフロー効果とストック効果のどちらに重点を置いて考えるかは、短期的に需要面で発揮される効果を重視するのか、長期的に供給面で発揮される効果を重視するのかの違いと見ることもできる。

　日本の公共投資では従来フロー効果が重視されてきたが、その理由として、第1に、前述のとおりフロー効果だけが扱われたアメリカの標準的な経済学の教科書やそれをもとに翻訳された教科書をもとに学んだ人が、日本の公共投資政策を担ってきたことがあげられる。第2に、時代の要請により、即効性があり、短期的に効果が把握できるフロー効果が求められてきたことである。高度経済成長期には公共投資には需要創出と民間投資の誘発による経済全体の拡大が期待されていたが、それ以後の安定成長期には公共投資には景気浮揚の効果が期待されてきた。第3に、1990年代に公共投資が拡大する中で、公共投資を実施する官庁も、フロー効果重視の政

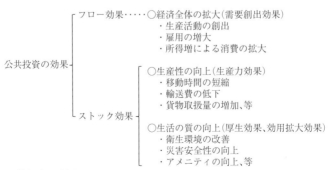

図3-1 公共投資の効果

策に正面から反対せずに、量を重視した公共投資の流れに乗った面もあったと考えられる。

　従来はフロー効果重視であったが、今日ではストック効果が重視されるようになってきた。その理由の一つは、フロー効果が低下してきたことである。経済企画庁及び内閣府の短期経済モデルによると、乗数効果は1970年代までは1年目に2を超えていたが、1990年代以降は1前後と低下してきた。標準的な経済学の教科書によると、公共投資の増大は需要創出効果を発揮して、日本のGDPが増大するはずであったが、実際にはGDP成長率は低下傾向を示した。

　もう一つの理由は、公共投資を継続的に行うためには、ストック効果を重視することが得策であると判断されてきたためであると考えられる。量を重視した公共投資を続けた結果、特に地方で公共事業のばらまきや無駄な公共事業が行われ、国や地方自治体の財政を悪化させたなどという公共事業批判が繰り広げられ、2000年代以降、公共投資額は大幅に削減されてきた。このままでは国力が低下することに国土交通省等の官庁が危機感を持っており、公共投資の本来の効果は社会資本によるストック効果であり、ストック効果を重視すべきだという主張が強まってきている。

(2) 公共投資のストック効果研究の方向性

　1970年代以降、アメリカ経済の成長率が低下したことについて、さまざまな考察が行われてきたが、その中で1989年にアッシャウアー（David Alan Aschauer）が発表した「Is Public Investment Productive ?」（公共投資は生産的か）という論文が注目された。[6] アッシャウアーは、1949～1985年のアメリカの全要素生産性（TFP）が非軍事社会資本投資と相関していることを示し、生産性の低下の原因が社会資本投資の伸び率が下がったことにあることを実証的に分析した。それまでの関数式では、GDPを説明するための要因として労働と民間資本を用いていたが、そこに社会資本投資を加えたところにアッシャウアーの特徴があった。

　当時、日本では、1990年代に公共投資基本計画に基づく公共投資やバブ

ル崩壊後の景気対策として公共投資が行われたが、その効果が表れずに、公共投資の有効性に疑問の声が出ていた時期であった。このため、アッシャウアーの研究以来、アメリカだけでなく、日本でも社会資本を生産要素に含めた生産関数を推計する方法を用いた社会資本の生産力効果に関する研究が行われるようになってきた。

　日本での社会資本の生産力効果に関する研究成果を見ると（表3-1）、多くの研究で社会資本整備が生産に対して正の効果があるという結果が得られている。社会資本の生産力効果（弾性値）は0.1〜0.3程度の値が多い。つまり、社会資本投資1により、生産力を0.1〜0.3押し上げる効果があるということである。ただし、社会資本の生産力効果は、1980年代までと比べて1990年代以降は低下しているという研究成果が多く、生産力効果の低下は2000年代以降、公共投資削減の一つの理由とされてきた。

　日本全体で社会資本のストック効果を考察している限りは、社会資本整備と生産力の間には正の関係があるので、国力を高めるためには社会資本

表3-1　日本での社会資本の生産力効果

研究者	推計期間	社会資本の生産力効果（弾性値）
三井・井上（1995）	1956 〜 1989	0.248 〜 0.316
畑農（1998）	1955 〜 1995	0.296 〜 0.328
	1955 〜 1989	0.317 〜 0.324
	1955 〜 1984	0.316 〜 0.318
吉野・中島・中東（1999）	1955 〜 1970	0.203
	1971 〜 1993	0.079
	1955 〜 1993	0.4623
土居（1998）	1966 〜 1993	− 0.082
	1975 〜 1993	0.015
	1966 〜 1974	0.131
	1975 〜 1984	0.029
	1985 〜 1993	0.254
塩路（2005）	1980 〜 1995	− 0.37 〜 0.122

資料：インフラ政策研究会「インフラ・ストック効果」（中央公論新社、2015年）
　　（原資料は李紅梅「日本における社会資本の生産力効果に関する文献研究」
　　（現代社会文化研究No.48、2010年））

が必要だという論理展開になるが、地域別や産業別、分野別の分析が行われることにより、公共投資は効率の良い地域や産業、分野への配分を優先すべきだという主張が強まることになる。

　例えば、吉野直行・中島隆信・中東雅樹は、昭和50（1975）年から平成6（1994）年までの国内11地域それぞれの第1次産業、第2次産業、第3次産業別の実質GDPと社会資本の関係を分析し、その結果、社会資本の生産力効果（弾性値）は、地域別には関東、東海、近畿といった大都市圏では高く、地方では低く、産業別には第2次産業及び第3次産業では高く、第1次産業では低いという結果を示している（図3-2）。[7]

　他の研究でも同様に大都市圏の方が地方に比べて社会資本の生産力効果が高いという結果が得られており、こうした地域別分析結果は、限られた公共投資額は効率の良い地域に配分すべきだと主張する際の根拠に使われている。大都市圏には産業集積があり、人口も多いため、社会資本が効率的に活用されるのに対して、地方では産業集積が乏しく、人口も少ないため、大都市圏に比べて社会資本が効率的に活用されにくい状況にあるが、数値だけで比較すると、社会資本投資は大都市圏の方が地方よりも効率が良いという主張は一般の国民には受け入れられやすいことになる。

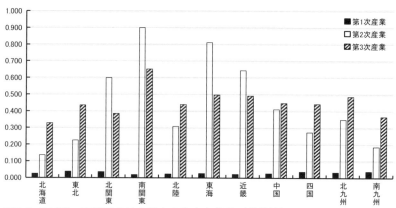

図3-2 地域別・産業別の社会資本の生産力効果（弾性値）
資料：吉野直行・中島隆信編「公共投資の経済効果」65 〜 66頁のデータより作成

　前述のとおりアッシャウアーは国の経済力を高めるためには社会資本ストックが重要だという結論を導き出したが、日本では社会資本ストック効果の時系列分析は公共投資削減の手段とされ、また社会資本ストック効果の地域別分析は特に地方での公共投資削減の手段とされるようになり、財政健全化という目標に向けた政策誘導のツールとして使われている面がある。

1-3 政府の政策と市場の自由

(1) 財政支出と財政抑制

　第2次世界大戦後、先進資本主義国では政府による財政支出により経済成長のための経済政策がとられ、成果をあげてきた。例えばアメリカでは1960年代にケネディ大統領がニューエコノミクスという積極的な経済政策を行い、その後のジョンソン大統領も同じ路線を推進して、経済成長により1960年代半ばにはほぼ完全雇用を実現した。日本でも1960年の国民所得倍増計画に基づき経済政策が進められ、高度経済成長が実現された。

　ところが、1970〜1980年代に先進資本主義国ではスタグフレーションに見舞われた。不況下のインフレである。不況時に景気を良くするために財政支出を行ったものの、景気は良くならずにインフレばかりが進行したのである。ここで、ケインズ政策は行き詰まったと言われた。これにより、新自由主義が勢いを得ることになった。

　1979年にイギリスでは政府の市場への介入を抑制する政策を主張するサッチャー政権が誕生するが、サッチャーはハイエクの考え方に傾倒していたことで知られる。また、1980年にはアメリカでハイエクと同じシカゴ学派に属するフリードマンが「選択の自由」を出版し、民間企業の自由な活動に任せて小さな政府にすれば市場メカニズムが機能してうまくいくことを提唱したが、その年、小さな政府と規制緩和を掲げるレーガン大統領が誕生し、新自由主義の考え方が世界に広がることになる。

　さらに、社会主義国でも、国家主導の計画経済がうまく行かずに、中国は1980年代に市場経済を導入し、1991年のソ連崩壊に伴い、ソ連をお手

本にしていた各国でも市場経済を導入することになった。

　こうして1970年代までは経済成長のために政府による財政支出政策が行われてきたが、1980年代以降は政府が市場に介入せずに小さな政府にすることが良いとの方向に変わってきた。日本でも1980年代に中曽根内閣が国鉄などの民営化を行うとともに民間活力の活用に注目して規制緩和や財政・金融面から民活支援を行い、2001年に誕生した小泉内閣などで財政支出の抑制と規制緩和が強力に進められ、2009年に発足した民主党政権でも財政抑制、金融引き締め、規制緩和、NPOなどによる公共の代替などが進められてきた。

(2) ケインズとハイエク

　第2次世界大戦後の各国の経済政策に大きな影響を及ぼしてきた人物として、ケインズとハイエクがあげられる。ケインズは資本主義経済を維持するためには政府による市場への介入が必要だとした人物として、ハイエクは政府による介入を排除し市場の自由を重視する人物として対立的に描かれることが多い。それぞれの考え方の概要を整理すると、以下のとおりである。

①ケインズの考え

　ケインズ（John Maynard Keynes、1883〜1946年）の考え方は、1936年に出版された「雇用・利子および貨幣の一般理論」に示されている。

　1929年に世界大恐慌が起こり、不況が3年前後続いた。それまでの古典派経済学では市場は自律的に調整されるため、長期的には失業者は存在しないとされてきた。失業者が出ても、自由な市場に任せておけば賃金が下がるので、企業が雇用を増やしやすい状況となり、やがて失業が解消されるという理屈である。しかし、現実には、賃金が下がっても失業は解消されなかった。

　ケインズは、資本主義経済は放っておくと不況になって、失業が発生することがあることを解明した。ケインズによれば、雇用水準は社会の総消

費と総投資によって決まる。消費は所得によって決まるが、人は所得の一部しか消費しない。消費されない部分は貯蓄になり、それがすべて投資に使われるとすれば、失業が解消されるが、貯蓄はすべて投資に回るとは限らない。古典派経済学は、お金はものやサービスを買うための手段であり、買わないとすれば他人に貸すものと考えていたが、ケインズは、人はお金を手元に置いておこうとするものと考えた。将来の見通しが不確実な場合には、貨幣の退蔵が多くなる可能性が高くなるため、安全雇用の実現に向けて、政府が財政政策や金融政策を講じる必要があるということになる。ケインズは、将来に確信が持てずに不安が蔓延し、企業が投資を躊躇する社会を、政府による投資により救おうとしたのである。

②ハイエクの考え

　ハイエク（Friedrich August von Hayek、1899〜1992年）は、1944年に社会主義、計画経済を指弾する「隷属への道」を出版したことで知られる。

　ハイエクは、社会主義とは、民間企業の廃止、生産手段私有の撤廃、そして利潤のために働く企業家に代えて中央計画当局が全活動を掌握する「計画経済」体制の創設を意味するとし、経済活動は国家の中央計画経済ではなく、民間企業の自由に任せることが重要だと主張している。ハイエクは、法の支配が確立している状態では、その規制に従う限り、社会は自由だという。ところが、議会が主権を有すると、一部または多数者の利益を追求する設計主義の考え方が、社会を法の支配から人の支配に変質させることになる。市場の競争を排した計画化は、少数の権力者に対する屈服を意味することになるため、市場に基づく自由が重要だという。

　しかし、ハイエクは国家の役割もあると考えており、例えば道路標識や信号、大半の道路自体の経費を、利用する個人に負担させることはできないので、競争が有効に働くために必要な条件がつくり出せない場合には、政府が介入しなければならないとしている。ハイエクは「法と立法と自由」の中でも、最小国家を唱えるどころか、進歩した社会にあってはさまざまな理由から市場によっては供給できない、あるいは適切に供給できない多

くのサービスを供給するために、政府が課税によって資金調達する権力を使用すべきであるということに議論の余地はないとしている。[8] 効果的な競争体制のためには、絶えず調整され続けていく法的枠組みが必要であり、そのために国家が介入することが必要だと述べている。

(3) 財政政策としての公共投資をめぐる闘い

　前述のとおりケインズは、将来に確信が持てずに企業が投資を躊躇し、需要不足に陥った時には、完全雇用を実現するために政府が財政支出により需要を創出しなければならないと主張した。一方、ハイエクは人間の知識は不完全であり、経済は市場の自由に委ねるのが良いと主張した。しかし、小さな政府をめざしていたわけではない。法の下で競争体制が保持されるように、市場によっては供給できないサービスを供給するために国家が介入することが必要だと述べている。問題は自由な競争が保証されないほどに国家が介入することである。ハイエクは交渉民主主義により一部または多数者の利益が追求されることが法の下の自由にとって脅威だと述べている。

　ケインズとハイエクは、それぞれに置かれた歴史的な背景や自らの立場を踏まえて、正当な主張を行っていると考えられるが、後世の人々がケインズとハイエクを闘争に当たっての象徴的な存在として捉え、都合の良いようにケインズとハイエクを解釈し、資本主義経済体制を維持するために政府の介入を主張するケインズと、市場の自由を保障するために小さな政府を主張するハイエクなどという対立軸を打ち出したもののようにも見える。

　ケインズの考えは欧米では左派政党や労働組合から支持されている。資本主義経済は欠陥があるものなので、働く大衆や社会的弱者のために公的な責任で適切な介入がなされるべきだと考えられてきた。これに対して、ハイエクやフリードマンなどの新自由主義の考え方は保守派の政党や財界から支持されている。資本主義の市場経済は優れたものなので、原則として政府は介入せずに民間企業の自由に任せるべきだという考え方に基づいている。[9]

その欧米でのケインズとハイエクをめぐる闘いが日本にも持ち込まれた。1980年代に新自由主義の考え方に基づき、公共の役割を限定し、市場経済を基調とする考え方が日本でも強まってきた。さらに1990年代には東西冷戦の終結やバブル経済の崩壊などで政治や社会が混乱する中で、財政政策としての公共投資に焦点が当たった。1990年代前半はアメリカからの要求に基づく公共投資基本計画とバブル崩壊後の景気対策のために公共投資が増大したが、公共投資を行っても景気回復には至らず、さまざまな面から公共事業批判が行われるようになり、1990年代後半から小さな政府に向けて公共投資の計画の見直しなどが行われ、公共投資が削減されることになった。

日本をどのような社会にすべきかについては、さまざまな意見がぶつかり合って、その闘いの中から社会の進む道が決められていくが、その際、ケインズやハイエクの解釈に頼るのではなく、あるべき日本の姿をどう描き、どう実現していくかについて議論していくことが大事であると考えられる。

2. 土木から見た公共投資

2-1 土木における公共投資の捉え方

（1）基盤整備のための公共投資

土木では、公共投資により行う土木事業を公共の福祉の向上のための基盤整備として捉えている。標準的な土木の教科書により、土木事業の特徴を要約すると以下のとおりである。[10]

①公共性：土木事業は公共の福祉に貢献するために行われるものである。土木事業は常に公共性を持ち、公共事業として行われることが多い。このため、土木事業による恩恵は国民が受けるものであり、財源は政府や

地方公共団体から支出されることが多い。土木事業には大きな期待がかけられるが、厳しい社会的批判も受けなければならない。

②基盤整備：土木事業は主に産業基盤や生活基盤の整備のために行われる。これら基盤整備は他の開発事業の先導的役割を持つため、土木事業の事業者には先見性を持つ構想、企画力、総合的把握力、計画性が望まれる。その事業規模が大きくなると、組織力が要求される。

③自然が対象：土木事業は自然を相手にする。このため、計画、設計、施工に際して、自然現象についての理解が不可欠であり、土木事業を進める際には自然界との共存関係を見出すように努力することが求められる。

④不可逆性：土木事業はやり直しが利かない。一度行われた土木事業は、その地域に長く影響を与えるだけではなく、それ以後の土木事業の前提条件として作用する。このため、計画時には慎重さが、完成後には効用が長期にわたって発揮されることが求められる。

⑤請負方式：土木事業は政府や地方公共団体から発注されて民間企業が請け負う形式をとるのが一般的である。事業は発注者の指揮のもと、調査・設計などを行う建設コンサルタント、施工に携わる建設業者が役割を分担して協同で行われる。

　前述のマクロ経済学では民間の消費や投資が不足する時に有効需要を拡大するための財政政策として公共投資を捉えていたのに対して、土木では公共の福祉の向上のために行う基盤整備のための投資として捉えている。また、土木事業の財源は多くの場合、政府や地方公共団体から支出され、民間企業が事業を請け負う方式をとるため、計画的に事業を進めることが重視される。事業規模が大きくなるほど、事業期間が長期にわたり、事業に関係する主体が多くなり、事業が地域の自然環境や社会経済に及ぼす影響も大きくなるため、計画性が一層重要視されることになる。

（2）土木事業の意義

　土木事業の意義について、長尾義三「土木計画序論」では3つのことが示されている。[11]要約すると以下のとおりである。

　第1に社会政策的意義である。政府が自ら、または地方公共団体に補助金を与えて政策的に失業者を吸収し、社会不安を除去しようとする失業救済対策である。土木事業の持つ雇用効果に期待するものであり、戦前のドイツのアウトバーンや戦後の日本の公共事業で行われた。

　第2に経済政策的意義である。ケインズの経済理論に基づいてアメリカのニューディール政策の前期（1933～1936年）に、有効需要を喚起し、景気を刺激するために公共事業が用いられた。日本でも池田内閣で所得倍増政策により公共事業が大幅に実施され、経済の高度成長の要因となった。

　第3に社会資本形成の意義である。国民の社会・経済活動の外部経済として社会資本形成の重要性を積極的に認め、計画的に社会資本を形成するために土木事業を行うということである。政府や地方公共団体の投資は人間の社会生活の基盤を形成し、外部経済を創出する役割を担う。

　長尾は、高度経済成長の過程で土木事業の社会政策的意義は薄らいできたが、土木事業が景気変動対策、有効需要誘発効果等の道具として国や地方行政の中で重要視されており、このような考え方は長期にわたって社会に有用な施設や機能を生み出すことよりも、短期的に経済成長に寄与させようとする意義が強調され、財政経済政策として公共事業が用いられる傾向となりかねないと懸念を示している。また、元来長期資本である土木資本の形成に短期的な見方が強調されることに注意が必要であるとも述べている。

　長尾義三「土木計画序論」が発刊されたのは昭和47（1972）年であり、この時期に長尾は土木事業により長期的な視点で社会に有用な施設や機能を生み出すことを重視し、短期的な景気対策としての土木事業に懸念を示していたが、それにもかかわらず1970年代後半にはオイルショック後の景気対策として公共投資が行われ、1990年代にはさらに大規模な公共投資が景気対策や所得再配分のために行われた。その結果、経済発展に貢献しない公共投資は財政学者やマスコミなどによって批判され、短期的な景気刺激策は地方を疲弊させ、財政難となった政府は公共投資を削減し、長期的に国づくりにとって必要な社会資本形成が行われにくい状況がつくられてきた。

　社会資本形成という土木事業の意義が大事にされずに、なぜ1990年代には公共投資は景気対策や所得再配分のために使われたのか。前述のとおりアメリカの標準的な教科書やそれをもとに翻訳された教科書で学んだ人が日本の経済政策を担い、アメリカからの要求により作成された公共投資基本計画に基づいて公共投資が行われたことやバブル経済崩壊後の景気回復のために公共投資が重視されたことも要因の一つであるが、そのほかに以下のような理由が考えられる。

　1つめは、政治家が地元への貢献を示す手段として土木事業が使われたということである。どれだけの公共事業費を選挙区にもたらすかは、政治家の力量を示すものであり、有権者の票にもつながると考えられた。1990年代の政治が不安定な時代に、長期的な国づくりという視点ではなく、役所と地元をつなげて、いかにたくさんの公共事業費を確保するかが重要とされたと考えられる。

　2つめは、土木関係者も、短期的な景気対策目的であっても公共投資が増えることは良いことだと容認したためである。土木の役所にとっても、業界にとっても、学界にとっても、土木分野への投資が増えることはそれぞれの組織の維持発展にとって望ましいことであり、景気対策目的の公共投資を受け入れることにより、結果として社会資本形成という土木の意義が軽視されてきた面もあると考えられる。

　藤井聡「土木計画学」（2008年）では、土木を「我々の社会に存在する様々な土木施設を『整備』し、そしてそれを『運用』していくことを通じて、我々の社会をより良い社会へと少しずつ改善していこうとする社会的な営みを意味する」と定義していた。[12)] この定義にしたがえば、土木施設を整備、運用しない事業は土木ではないことになる。短期的な景気対策や所得再配分のための公共投資では、土木施設を整備、運用することなく、単にお金をばらまくだけになってきた状況も見受けられるので、社会をより良くするために土木施設を整備し、長期的に運用するような公共投資が求められていると考えられる。

2-2 土木計画の階層性

　土木事業は、計画目標を設定し、その目標の実現に向けて計画的に推進される。土木計画学の教科書には必ず土木計画の段階的構造、または土木計画の階層性、土木計画の目的手段の連関に関する図が掲載されている（図3-3）。土木計画は個々独立して存在せず、いくつかの計画が目的と手段の関係で階層的に連関していることを示している。例えば、洪水防止という治水計画を達成するために、ダムをつくる計画、堤防を築く計画などが治水という目的の手段となる。ダムや堤防を築くという目的を達成するためには、さらに下位の手段が必要になる。土木計画では、上位の目的のために下位の手段があり、その下位の手段が目的となり、さらに下位の手段を必要とする構造があるということである。

　土木計画は基本構想−基本計画−実施計画の三層構造で示されることもある。基本構想は最も抽象的で、長期的で、総合的で、広域的な計画であるのに対して、基本計画はより具体的、より短期的、より個別的、より狭い範囲の計画となり、実施計画はさらに具体的、短期的、個別的、狭域的な計画となる。

　こうした階層的な構造のもとで、最上位の目的を達成するという意思が土木計画に関係する人々全体に貫徹されている場合には、それぞれの関係者が置かれた立場で土木計画の目的と手段を設定して、常に最上位の目的

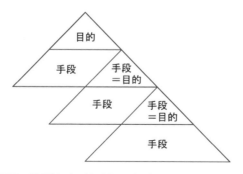

図3-3 土木計画の階層性（目的手段の連関）

の達成をめざして行動するため、土木計画の階層性は最小の費用で最大の効果を発揮するために優れた構造であると考えられる。また、綿密に組み立てられた階層的な土木計画が計画どおりに実施されるとすれば、最小の費用で最上位の目的が達成されると考えられる。しかし、土木事業は概して長期間にわたって行われるため、事業期間中に公共投資額が削減されたり、円滑な事業の実施を妨げる障害要因が発生したり、価値観が変化するなどして、計画の目的や内容が変更されることもあり、その場合には、最小の費用で最上位の目的を達成することが難しくなるだけではなく、最上位の目的が達成されなくなることもありうる。

　藤井聡は、土木計画の階層性に関して、下降運動だけではなく上昇運動、つまり上位計画が下位計画を規定する動きだけでなく、下位計画が上位計画を見直す動きが常に必要だと述べている。[13] 現実には、土木分野は他の分野に比べて、役所の組織内でも、国・県・市町村の役所間でも、業界でも、学界でも上下関係が強いと考えられるため、下降運動が中心となりがちであり、下位から上位に計画の見直しを求めることは難しい面もあるが、計画に携わる者は意図的に常に社会をより良くするという最上位の計画目的を考え、その実現を志す強固な意志を持ち続けることが不可欠だということと理解され、計画に携わる人々の意志が下降運動だけでなく上昇運動にも反映されることが望まれる。

　また、土木計画学では国土計画と自治体総合計画が階層構造として位置づけられるが、国土計画と自治体総合計画の関連性が以前よりも今日では希薄になってきていると考えられる。例えば、各県の総合計画を見ると、昭和37（1962）年の全国総合開発計画、昭和44（1969）年の新全国総合開発計画、昭和52（1977）年の第三次全国総合開発計画、昭和62（1987）年の第四次全国総合開発計画の頃までは、各県とも国土計画に対応して新たに総合計画を策定していたが、平成10（1998）年の21世紀の国土のグランドデザインの頃から、国土計画との関連が希薄になり、さらに、平成17（2005）年に国土総合開発法が国土形成計画法に置き換わり、地方自治体の多くが国土計画に期待していた「開発」の文言や具体的なプロジェクト

が国土形成計画には盛り込まれなくなってからは、自治体総合計画と国土
計画との関連性は一層希薄になっている。

　国土計画は開発行政や公共事業を批判する世論やマスコミなどに押され
て、全国総合開発計画から国土形成計画に変わった。国土計画をつくるこ
とがより良い社会をつくるという土木の目的に合致するものであるとすれ
ば、国土計画を作成する際にも、国と地方自治体の関連性にも配慮する必
要があると考えられる。

2-3 治水事業と道路事業の事業評価

　前述のとおり社会資本整備のストック効果が重視されるようになってき
ているが、国土交通省の治水事業と道路事業を例として、各事業の便益算
定がどのように行われているのかを示す。

（1）治水事業の便益算定
①治水事業の事業評価における費用便益分析の位置づけ
　国土交通省水管理・国土保全局「河川及びダム事業の新規事業採択時評
価実施要領細目」（平成21年12月）によると、河川及びダム事業については、
原則として以下の11の評価項目に基づいて新規事業採択時評価を実施す
るものとしている。費用便益分析はそのうちの一項目として位置づけられ
ており、別に定める「治水経済調査マニュアル（案）」等に基づき算定する
ものとしている。

　1）災害発生時の影響
　2）過去の災害実績
　3）災害発生の危険度
　4）地域開発の状況
　5）地域の協力体制
　6）事業の緊急度
　7）水系上の重要性（河川事業のみ）

8）災害時の情報提供体制

9）関連事業との整合

10）代替案立案等の可能性

11）費用対効果分析等

②治水事業の費用便益分析の考え方

治水事業の費用便益分析は国土交通省河川局「治水経済調査マニュアル（案）」（平成17年4月）により行われているが、その概要は以下のとおりである。

1）対象氾濫原の設定と特徴分析

対象氾濫原を設定し、対象氾濫原における地盤高、資産等を調査しメッシュデータとして整理するとともに、対象氾濫原の分割、流下能力の把握、破堤地点の想定等の特徴分析を行う。

2）氾濫シミュレーション

流量規模、氾濫ブロックごとに、発生の確率が異なる数ケースの洪水を選定して氾濫シミュレーションを行い、氾濫解析により浸水区域及び浸水深を算出する。

3）氾濫被害額の算定

地盤高、資産等のメッシュデータと氾濫解析による浸水深から、メッシュごとの氾濫被害額を算定する。また、これらを合計することにより、氾濫原における確率規模別の氾濫被害額を算出する。

4）総便益の算定

洪水ごとの氾濫被害額の結果と、その洪水の発生の確率を乗じ、これを累計した想定年平均被害軽減期待額の整備期間及び50年間分（割引率4%で現在価値化）と評価期間終了時点の残存価値を合わせて総便益（B）とする。

5）総費用の算定

施設整備に要する総建設費及び50年間の維持管理費（割引率4%で現在価値化）の合計を総費用（C）とする。

6) 費用便益比の算定

　総便益 (B) を総費用 (C) で除して費用便益比 (B ／ C) を算定する。

③算定する便益の範囲

　治水事業のストック効果には、洪水氾濫による直接的・間接的な洪水氾濫被害防止効果及び治水安全度の向上に伴う土地利用の高度化等の高度化効果があるが、経済的に計測が困難なものもあるため、「治水経済調査マニュアル (案)」では、現段階で経済的に評価が可能な以下の被害防止便益項目だけを便益として評価している。ただし、国土交通省では、東日本大震災の被害の状況等を踏まえて「河川事業の評価方法に関する研究会」を設置し、平成23 (2011) 年9月より、これまで見込まれていない評価項目の定量的評価方法に関する検討等を行っている。

＜便益として評価している項目＞
　　○直接被害防止便益
　　　　・一般資産被害 (家屋、家庭用品、事業所償却資産・在庫資産、農漁家償却資産・在庫資産)
　　　　・農産物被害
　　　　・公共土木施設等被害
　　○間接被害防止便益
　　　　・営業停止被害 (事業所、公共・公益サービス)
　　　　・応急対策費用 (家計、事業所)

　なお、水害による被害額を算定する場合、基本的に現状の資産の状況が将来も変わらないものと想定して、被害額を算定するものとしている。

(2) 道路事業の便益算定
①道路事業の事業評価における費用便益分析の位置づけ

　国土交通省道路局、都市・地域整備局「道路事業・街路事業に係る総合評価要綱」(平成21年12月) によると、道路事業の新規事業採択時には以下の4つの評価項目による総合的な事業評価が行われ、費用対効果はその

うちの一つの評価項目に位置づけられている。ただし、事業採択の前提条件として、便益が費用を上回っていることは最低限満たすべき項目とされていることから、費用対便益という評価項目は重視されていると考えられる。

1) 事業採択の前提条件

　事業採択にあたって最低限満たすべき項目として、便益が費用を上回っていることや、必要な法手続きを完了するなどの円滑な事業執行の環境が整っていることを確認する。

2) 費用対便益

　「費用便益分析マニュアル」（平成20年11月）の手法に基づいて、事業の投資効果を確認する。（費用便益分析マニュアルは平成30年2月に改定された。）

3) 事業の影響

　自動車や歩行者への影響（渋滞対策、事故対策、歩行空間）及び社会全体への影響（住民生活、地域経済、災害、環境、地域社会）を把握する。

4) 事業実施環境

　事業執行に当たっての実施環境として、他のプログラムとの関係や住民の協力などを確認する。

②道路事業の費用便益分析の考え方

　道路事業の費用便益分析は、国土交通省道路局、都市局「費用便益分析マニュアル」（平成30年2月）に基づいて、道路整備が行われる場合と行われない場合について、50年間の費用と便益を算定して、道路整備に伴う費用の増分と便益の増分を比較して評価を行っている。

1) 便益の算定

　交通流の推計結果に基づき、道路整備による効果の中で計測可能な走行時間短縮便益、走行経費減少便益、交通事故減少便益の3つの項目について、検討期間（50年間）にわたり各年次ごとの便益を算定する。検討期間中の各便益を社会的割引率（4%）で現在価値化して算出された現在価値額の合計額が便益合計額となる。なお、交通流の発生集中量の推計に関して

は、熟度の高い開発計画による開発交通量を上乗せすること等も考えられるとしている。

2) 費用の算定

　道路整備に要する事業費と道路維持管理に要する事業費の合計を費用として、当該道路整備が行われる場合の費用から、当該道路整備が行われない場合の費用を減じた差を、検討期間（50年間）にわたり各年次ごとに算定し、社会的割引率（4%）で現在価値化して算出されたものの合計額が総費用となる。

3) 費用便益分析

　総便益（B）を総費用（C）で除して費用便益比（B／C）を算出するなどして、費用便益分析を行う。

③算定する便益の範囲

　道路整備に伴う効果としては、渋滞の緩和や交通事故の減少のほか、走行快適性の向上、沿道環境の改善、災害時の代替路確保、交流機会の拡大、新規立地に伴う生産増加や雇用・所得の増大等があるが、国土交通省道路局、都市局「費用便益分析マニュアル」（平成30年2月）では、現時点における知見により十分な精度で計測が可能でかつ金銭表現が可能であるとして、前述のとおり走行時間短縮、走行経費減少、交通事故減少の3項目についてだけ便益を算定している。

　現状では道路利用者が享受する便益のうちの一部の範囲に限定され、沿道の地域にもたらす便益は算定の対象外となっているが、諸外国では他の直接効果や間接効果まで評価している。[14] 国土交通省の社会資本整備審議会道路分科会の第12回事業評価部会（平成27年12月）では、今後の事業評価の検討の方向性として、道路の外側を含めたさまざまな効果（環境、住民生活、地域経済、財政等）についても検討することが示され、引き続き検討が行われている。

（3）治水事業・道路事業と土地利用
①治水事業・道路事業の便益算定と土地利用の変化

　前述の治水事業と道路事業の便益算定について整理すると、以下のとおりである。

1) 事業評価における費用便益分析の位置づけ

　治水事業の事業評価では総合的に評価する際の指標として11項目掲げられており、そのうちの一つとして費用対効果分析が位置づけられている。また、道路事業の事業評価でも4つの項目により総合的な評価が行われ、費用対便益はそのうちの一つに位置づけられているが、事業採択に際して便益が費用を上回っていることが前提条件となっている。治水事業と道路事業の事業評価では、いずれも費用便益分析は総合的な評価項目の一つであるが、道路事業では費用対便益が事業採択の前提条件にされており、治水事業に比べてより重要な位置づけとなっている。

2) 算定する便益の範囲

　治水事業でも道路事業でもストック効果としてはいろいろな項目があるが、貨幣換算して計測することが困難なものがあるため、算定する便益の範囲は一定の精度で貨幣換算できるものに限定されている。治水事業で算定されている便益は被害防止便益のうちの一部であり、現行では人身被害防止効果や治水安全度の向上に伴う土地利用の高度化等の効果は計測されていない。また、道路事業で算定されている便益は道路利用者が享受する走行時間短縮、走行経費減少、交通事故減少の3項目だけであり、現行では沿道への新規立地に伴う生産増加や雇用・所得の増大等の効果は計測されていない。

3) 事業実施前後の周辺の土地利用の変化

　治水事業でも道路事業でも、事業実施による周辺の土地利用の高度化等に関するストック効果は計測されていない。このため、治水事業により堤防が整備されて、住宅や事業所等が立地したとしても、事業実施前後の土地利用の変化とは無関係に便益算定が行われている。また、道路事業では、便益算定は道路利用者の便益に限定されており、現行では道路事業による

沿道地域への効果を算定する仕組みがないため、道路事業による土地利用の変化は便益に反映されない。

　道路利用者の効果だけを便益として計測する道路事業に比べれば、治水事業は氾濫区域の被害防止効果の一部を計測しているという点で、より地域との関わりを持っていると言えるが、事業実施前後の土地利用の変化を便益算定に含めないという意味では、治水事業も道路事業も同様である。事業実施により周辺の土地利用が変化したとしても、土地利用は変化していないという想定で便益算定が行われている。このことが、治水事業の担当者は治水事業に、道路事業の担当者は道路事業に専念するものであり、これらの社会資本整備を活かす地域づくりは地元の自治体や住民主体で行うものだという考え方につながり、社会資本整備と地域づくりの関連を希薄にする一因と考えられる。

　便益算定は貨幣換算することが容易な項目だけに限定して、土地利用の変化に関する効果は別の方法で評価するという考え方もあるが、治水事業や道路事業の便益算定で土地利用の変化に伴う効果を計測、表現することができれば、社会資本整備と地域づくりの関わりをこれまで以上に事業主体の関係者や地方自治体、住民等に意識させることに役立ち、社会資本整備に対する国民の理解や共感を得ることにも貢献するものと考えられる。

②治水事業と道路事業の便益算定に土地利用の変化を加えるための考え方

1) 治水事業の便益算定に土地利用の変化を加えるための考え方

　治水事業には防災という目的だけでなく、地域開発を促進し、土地利用の高度化を図るという目的もあることに着目すれば、便益算定に土地利用の変化を加味することが必要になる。例えば、治水事業の実施により、従来は農地しかなかった地区で土地利用が変化して住宅や事業所が新規に立地することがある。その場合には、事業実施前に資産額を算定した想定氾濫区域において事業実施後の資産額を算定することにより、事業実施前後の便益を比較することが可能となる。

　治水事業による土地利用の変化を便益算定に加味することにより、従来のように土地利用の変化を便益算定に加味しない方法に比べて、土地利用が高度化すれば便益は上昇し、土地利用が粗放化すれば便益は低下することになる。当然、事業実施前後に便益が上昇する治水事業は評価が高く、便益が低下する事業は評価が低くなるので、これまで以上に治水事業と土地利用の関係が重視されることになる。

2）道路事業の便益算定に土地利用の変化を加えるための考え方

　道路事業では受益と負担の原則が貫かれてきた。立ち遅れた道路を緊急に整備するために昭和28（1953）年に揮発油税が道路整備のための特定財源とされて以降、揮発油税等を負担する自動車利用者が道路を利用する際にいかに受益するかが大事にされてきた。このため、道路整備の便益評価は道路利用者にとっての直接便益（時間便益、走行便益、事故減少便益）だけを対象としてきた。しかし、平成21（2009）年度より道路特定財源が一般財源化されたため、道路整備の受益者は道路利用者であるという従来の考え方から脱して、周辺の地域への便益も評価の対象とすることが求められていると考えられる。

　道路整備5ヵ年計画について道路整備効果を評価する視点の推移を見ると、道路整備による国民経済への影響を直接便益だけでなく間接便益でも捉えるようになってきた。[15] しかし、個々の道路事業の便益評価については直接便益だけを捉えている。道路事業についても、事業実施後に沿道に事業所や住宅などが立地するなど土地利用の変化が想定されるため、事業実施前後の沿道の土地利用の変化を便益算定に加味することが重要であると考えられる。現行の道路事業の便益算定方法では、開発計画による開発交通量を考慮する場合を除いて、沿道地域の土地利用との関わりがないため、事業実施前後の土地利用の変化を便益算定に加味するためには、まず当該道路事業による沿道地域の範囲を設定し、その上で、設定された沿道地域の資産額や生産額、税収等の指標について調べ、事業実施前後の指標の数値を算定して、それに従来の道路利用者便益と合わせて事業実施前後の便益を比較することが考えられる。

道路事業でも事業実施前後で土地利用の高度化が図られていれば便益は
上昇し、土地利用が粗放化すれば便益は低下することになる。従来のよう
に道路利用者が享受する便益だけを対象とする便益算定方法に比べて、周
辺の土地利用の変化を加味した便益算定を採用することにより、これまで
以上に道路事業と沿道の土地利用との関係が重視されるようになる。

3. 経済計画と国土計画における公共投資

3-1 経済計画における公共投資

　経済計画は、政府が将来の経済社会の姿を展望し、その姿をめざす経済
運営の基本方向を定めるとともに、重点となる政策目標と政策手段を明ら
かにするものである。

　内閣府ホームページには、「日本の経済計画一覧」として昭和30（1955）
年に策定された「経済自立5ヵ年計画」から平成11（1999）年に策定された
「経済社会のあるべき姿と経済新生の政策方針」に至るまで、14の経済計
画の概要が表形式で示されている。これらの経済計画の中で公共投資がど
のように位置づけられ、記載されているのかを整理すると、以下のとおり
である。

①経済自立5ヵ年計画（昭和30（1955）年12月策定）

　経済自立5ヵ年計画（計画期間：昭和31〜35（1956〜1960）年度）は、
経済の自立と完全雇用の達成を図ることを目標として策定された。政府が
決定した長期経済計画としては最初のものである。公共投資については、
公共事業の事業量が昭和29（1954）年度に比して昭和35（1960）年度で
137％程度まで伸長するものとされた。具体的には治山治水事業、道路整
備事業、都市の公共施設、工業用水道施設をはじめとする産業基盤施設等

の整備を促進することとしている。

②新長期経済計画（昭和32（1957）年12月策定）

　新長期経済計画（計画期間：昭和33～37（1958～1962）年度）は、わが
国の経済の拡大テンポが経済自立5ヵ年計画で想定された成長率を上回り、
新たな指針が必要となったため策定された。主要な目的は、高い経済成長
率を持続的に達成することによる国民生活水準の向上と完全雇用の達成で
ある。計画達成のため必要とされる投資需要をまかない、安定的な経済成
長を実現するためには資本蓄積の推進が必要であるとの認識のもと、経済
成長を支えるための所要投資（資本形成）は昭和37（1962）年度で国民総生
産の28.5％に当たる3兆7,180億円と見積もられ、このうち産業設備投資の
第2次産業部門が1兆5,910億円と見込まれると記載されている。

③国民所得倍増計画（昭和35（1960）年12月策定）

　国民所得倍増計画（計画期間：昭和36～45（1961～1970）年度）は、10
年以内に国民総生産を倍増することにより、国民の生活水準の向上と完全
雇用の達成を目的とするものである。経済成長に伴い道路、港湾、用地、
用水等の社会資本が生産資本に対して相対的に立ち遅れ、成長のあい路に
なっているとして、計画の中心的課題の第1として社会資本の充実が位置づ
けられた。公共投資については、計画期間中に16兆1,300億円を投下し、行
政投資の企業設備投資に対する比率を現行の1：3から目標年次には1：2
程度に拡大することを記載している。また、公共投資額は事業別に示され、
産業基盤強化のための投資は計画の前半期に重点的に投資し、民生安定の
ための投資は後半期に投資するなど詳細な計画が盛り込まれている。なお、
社会資本という言葉は国民所得倍増計画から用いられるようになった。

④中期経済計画（昭和40（1965）年1月策定）

　中期経済計画（計画期間：昭和39～43（1964～1968）年度）は、国民所
得倍増計画の趣旨にのっとり、倍増計画の残された5年間の政府の政策運

営の指針として作成されたもので、成長力を失わせないようにしながら、生産面・生活面の後進的部門を経済社会発展のテンポに同調させるひずみ是正を目的とするものである。公共投資については、公共的住宅、生活基盤設備の充実が立ち遅れ、経済効率の向上や国民福祉の増進を阻害しているとして、計画期間中の公共投資の総額はおおむね17兆8,000億円としている。公共投資の事業別投資額も記載されており、特に1) 住宅、生活環境施設、2) 農林漁業基盤、3) 交通、通信体系に重点的に配分されなければならないとしている。

⑤経済社会発展計画－40年代への挑戦－（昭和42（1967）年3月策定）

　経済社会発展計画（計画期間：昭和42〜46（1967〜1971）年度）は、昭和30年代の発展過程で発生した各種の不均衡の是正に努めるとともに、国際化、労働力不足の本格化、都市化の進展という内外の条件変化を克服し、均衡がとれ、充実した経済社会への発展を図ることを目的とするものである。公共投資については、計画期間中の公共投資の総額はおおむね27兆5,000億円と記載されている。部門別投資額も記載されており、特に1)住宅、生活環境施設の総合的整備、2) 合理的な交通通信体系の整備、3) 農業関係社会資本の整備に重点を置くことが示されている。

⑥新経済社会発展計画（昭和45（1970）年5月策定）

　新経済社会発展計画（計画期間：昭和45〜50（1970〜1975）年度）は、国際化を積極的に進める中で均衡がとれた経済発展を通じて、経済力にふさわしい住みよい日本を建設することを目的としたものである。新全国総合開発計画に沿って社会資本の充実と産業立地の円滑化をはかり、日本全土にわたって発展可能性を高めていくことが必要であるとの認識を示した上で、計画期間中の公共投資の総額は、おおむね55兆円と記載されている。部門別投資額も記載されており、社会資本整備の重点は1) 住宅、生活環境の整備、2) 交通通信体系の整備、3) 国土保全施設の整備、水資源の開発、4) 農林水産業の生産基盤及び近代化施設の整備に置くことが示されている。

⑦経済社会基本計画－活力ある福祉社会のために－（昭和48（1973）年2月策定）

　経済社会基本計画（計画期間：昭和48～52（1973～1977）年度）は、内外の情勢が変化する中で、国民福祉の充実と国際協調の推進の同時達成をはかり、活力ある福祉社会を実現するための政策運営の基本方針を示したものである。計画期間中の公共投資はおおむね90兆円と記載され、部門別投資額も記載されている。公共投資の重点は、国民の福祉の向上に直接つながる生活関連施設の整備及び幹線交通通信ネットワークの形成等国土の有効利用のための関連事業に置くとされている。

⑧昭和50年代前期経済計画－安定した社会を目指して－（昭和51（1976）年5月策定）

　昭和50年代前期経済計画（計画期間：昭和51～55（1976～1980）年度）は、高度成長路線を進んできた日本経済が転換期を迎える中、円滑に新たな成長路線に移行させるためのプログラムを明らかにするとともに、今後の国民生活充実のあり方について明確な指針を示すことを目的に策定された。計画期間中の公共投資はおおむね100兆円と記載され、部門別投資額も記載されている。公共投資の重点化にあたっては、国民生活の質的充実を図るという観点から、生活関連社会資本、国土保全関係施設、水資源開発施設、生活道路、通勤鉄道等の国民生活の質的充実に深くかかわるものを対象としている。

⑨新経済社会7ヵ年計画（昭和54（1979）年8月策定）

　新経済社会7ヵ年計画（計画期間：昭和54～60（1979～1985）年度）は、エネルギー事情等の国際情勢の変化を踏まえ、日本経済を新しい安定的な成長軌道に乗せ、質的に充実した国民生活を実現するとともに国際経済社会の発展に貢献するための中長期的な経済運営の指針を示すことを目的として策定された。計画期間中の公共投資はおおむね240兆円と記載され、部門別投資額も記載されている。社会資本の重点化にあたっては、定住構

想等に沿い国民生活に直接関係の深い分野への投資に重点を置くこととし、生活環境施設の整備、国民生活の安定のための施設整備、交通通信施設の整備をあげている。

⑩1980年代経済社会の展望と指針（昭和58（1983）年8月策定）

　1980年代経済社会の展望と指針（期間：昭和58〜平成2（1983〜1990）年度）には、従来の経済計画に用いられてきた「計画」という文言がない。冒頭で、わが国は自由な競争を基本原理とした市場経済を基調としており、その前提下で作成される経済計画は経済社会の全分野を詳細に規定したり、厳格にその実施を強制するものではないと記載した上で、基本的役割は1）望ましく、かつ実現可能な経済社会の姿についての展望を明らかにすること、2）中長期にわたって政府が行うべき経済運営の基本方向を定めるとともに、重点となる政策目標と政策手段を明らかにすること、3）家計や企業の活動のガイドラインを示すことにあるとして、今回の計画では、不確実性と事態の変化に弾力的に対応する計画であるとの性格をより明確に示すため「1980年代経済社会の展望と指針」という名称としたことが記されている。公共投資については、厳しい財政事情の下、投資分野の重点化を図りつつ、投資の総合的・効率的実施に努めることなどが記載されているが、従来の計画に記載されていた計画期間中の公共投資額は示されていない。また、社会資本の整備に当たっては、従来の制度、慣行にとらわれず官民分担の見直しを行い、民間活力の活用を図る観点から検討を進めることも記載されている。

⑪世界とともに生きる日本－経済運営5ヵ年計画－（昭和63（1988）年5月策定）

　「世界とともに生きる日本－経済運営5ヵ年計画－」（計画期間：昭和63〜平成4（1988〜1992）年度）は、わが国の経済社会が直面する1）大幅な対外不均衡の是正と世界への貢献、2）豊かさを実感できる多様な国民生活の実現、3）産業構造調整の円滑化と地域経済社会の均衡ある発展という課

表3-2 経済計画における公共投資の記載

名称	策定年月	内閣	計画期間	公共投資に関する記載
経済自立5ヵ年計画	昭和30年12月	鳩山	昭和31～35年度	・「第2編第1章第1部3.(5)公共事業」で、公共事業の事業量を昭和29(1954)年度に比し昭和35(1960)年度で137%まで伸長と記載
新長期経済計画	昭和32年12月	岸	昭和33～37年度	・「第2部第4章資本蓄積の推進と財政の役割」で、経済成長を支えるための所要投資(資本形成)は昭和37(1962)年度で3兆7,180億円と記載
国民所得倍増計画	昭和35年12月	池田	昭和36～45年度	・計画の中心的課題の第1に社会資本の充実を記載 ・「第2部第2章社会資本の充足」で、計画期間中の投資は16兆1,300億円と記載、事業別投資額も記載
中期経済計画	昭和40年1月	佐藤	昭和39～43年度	・「第4章3.社会資本の整備」で、計画期間中の公共投資の総額はおおむね17兆8,000億円と記載、事業別投資額も記載
経済社会発展計画－40年代への挑戦－	昭和42年3月	佐藤	昭和42～46年度	・「第1部第4章2.社会資本の整備」及び「第2部第5章2.公共投資の総額と部門別投資額」で計画期間中の公共投資の総額はおおむね27兆5,000億円と記載、部門別投資額も記載
新経済社会発展計画	昭和145年5月	佐藤	昭和45～50年度	・「第2部V発展基盤の培養」で新全国総合開発計画に沿って社会資本の充実と産業立地の円滑化を図ることを記載 ・「第2部V.1.社会資本整備の重点と効率化」で計画期間中の公共投資の総額は、おおむね55兆円と記載、部門別投資額も記載
経済社会基本計画－活力ある福祉社会のために－	昭和48年2月	田中	昭和48～52年度	・「第2部Ⅰ.4.社会資本の充実」で、計画期間中の公共投資はおおむね90兆円と記載、部門別投資額も記載
昭和50年代前期経済計画－安定した社会を目指して－	昭和51年5月	三木	昭和51～55年度	・「第2部Ⅱ.4.社会資本の充実」で、計画期間中の公共投資はおおむね100兆円と記載、部門別投資額も記載
新経済社会7ヵ年計画	昭和54年8月	大平	昭和54～60年度	・「第2部Ⅱ.7.社会資本の充実」で、計画期間中の公共投資はおおむね240兆円と記載、部門別投資額も記載
1980年代経済社会の展望と指針	昭和58年8月	中曽根	昭和58～平成2年度	・「Ⅳ[5]9.社会資本の充実」で、厳しい財政事情の下、投資分野の重点化を図りつつ、投資の効率的実施に努めることを記載(公共投資額は記載されず) ・社会資本の整備に当たっては、官民分担の見直しを行い、民間活力の活用を検討することを記載
世界とともに生きる日本－経済運営5ヵ年計画－	昭和63年5月	竹下	昭和63～平成4年度	・「第3部第6章第1節社会資本整備の推進」で、内需主導型経済構造への転換・定着を図るための基盤として社会資本の整備が重要な課題と記載(公共投資額は記載されず)
生活大国5ヵ年計画－地球社会との共存をめざして－	平成4年6月	宮澤	平成4～8年度	・「第Ⅱ編第1部第6章第3節生活に関連した社会資本整備」で、快適な生活環境の形成と圏域内交通・交流の円滑化の促進を記載(利用者の視点に立った整備目標を記載) ・「第Ⅱ編第3部第11章国土の特色ある発展」で、高速交通ネットワークの整備の推進について記載(将来目標水準を記載、公共投資額は記載されず)
構造改革のための経済社会計画－活力ある経済・安心できるくらし－	平成7年12月	村山	平成7～12年度	・「第2部第7章第4節社会資本整備の推進」で、社会資本整備については公共投資基本計画の考え方に沿って進めること、公共投資の地域別配分については多極分散型国土の特色ある発展を図ることを基本とする旨記載(将来の整備目標を記載、公共投資額は記載されず)
経済社会のあるべき姿と経済新生の政策方針	平成11年7月	小渕	平成11～22年度	・「第3部第1章第3節多様な知恵の社会を支える社会資本整備」、「第3部第2章第4節少子・高齢社会における街づくり」、「第3部第3章第3節環境にやさしい安全な持続的発展社会を支える社会資本」で社会資本について記載(将来の整備目標や公共投資額は記載されず)

資料：各経済計画より作成

題を踏まえて、内需主導型経済構造への転換・定着を実現するために策定されたものである。公共投資については、内需主導型経済構造への転換・定着を図るための基盤として社会資本の整備が重要であると記載されており、主要課題として1) 多極分散促進のための高速交通ネットワークの整備、2) 豊かさを実感できる経済社会の実現のための国民生活基盤の整備、3) 産業構造調整の円滑化のための基盤整備、4) 次代に向けた新しい発展基盤の整備があげられている。計画期間中の公共投資額は示されていない。

⑫生活大国5ヵ年計画－地球社会との共存をめざして－（平成4（1992）年6月策定）

生活大国5ヵ年計画（計画期間：平成4～8（1992～1996）年度）は、地球的規模で考えるという視点と人間一人一人を尊重するという視点を常に併せ持ち、「地球社会と共存する生活大国」をわが国の基本的課題とし、そのための経済社会の発展基盤を整備することを目的として策定された。公共投資については、将来の整備目標を示し、快適な生活環境の形成と圏域内交通・交流の円滑化を促進するとともに、高速交通ネットワークの整備を推進することが記載されている。計画期間中の公共投資額は示されていない。

⑬構造改革のための経済社会計画－活力ある経済・安心できるくらし－（平成7（1995）年12月策定）

構造改革のための経済社会計画（計画期間：平成7～12（1995～2000）年度）は、内外の潮流変化に対応して構造改革を進め、1) 自由で活力ある経済社会の創造、2) 豊かで安心できる経済社会の創造、3) 地球社会への参画という基本的方向で新しい経済社会をめざすために策定されたものである。社会資本整備は公共投資基本計画の考え方に沿って進めることが記載され、公共投資の地域別配分については多極分散型国土の特色ある発展を図ることを基本とすることとし、将来の整備目標も示されている。計画期間中の公共投資額は記載されていない。

⑭経済社会のあるべき姿と経済新生の政策方針（平成11（1999）年7月策定）

　経済社会のあるべき姿と経済新生の政策方針（期間：平成11〜22（1999〜2010）年度）は、日本の経済社会のあるべき姿として、1）規格大量生産型の経済社会体制から、多様な知恵の時代に相応しい経済社会へと脱皮していくこと、2）高齢社会・人口減少社会に備えた仕組みに変革し、生産性を高め活力を維持すること、3）顕在化している環境制約を克服し、環境と調和した経済社会を構築していくことを掲げ、その経済社会を新生していくための政策方針を示している。社会資本についての記載はあるが、将来の整備目標や計画期間中の公共投資額は記載されていない。

　経済計画における公共投資に関する記載内容から、以下の3点を指摘することができる。

　第1に、時代の変化を反映して、経済計画における公共投資の位置づけが変わってきたことである。計画期間中の公共投資額（事業別または分野別投資額を含む）が記載されているのは昭和35（1960）年の国民所得倍増計画から昭和54（1979）年の新経済社会7ヵ年計画までであり、昭和58（1983）年の「1980年代経済社会の展望と指針」以降は公共投資額が示されなくなった。また、平成11（1999）年の「経済社会のあるべき姿と経済新生の政策方針」では、将来の整備目標も示されなくなった。

　第2に、経済計画における公共投資の目的が変化してきたことである。昭和35（1960）年の国民所得倍増計画までは、公共投資の重点は経済成長のための産業基盤整備に置かれていたが、昭和40（1965）年の中期経済計画では経済成長によるひずみの是正が課題とされ、その後、公共投資の重点は産業基盤から生活基盤に移行してきた。

　第3に、経済計画における公共の役割に対する考え方が変化してきたことである。昭和58（1983）年の「1980年代経済社会の展望と指針」では、わが国は自由な競争を基本原理とした市場経済を基調とするとして、経済計画による経済社会への政府の関与を限定する方向への転換が確認される。

これ以降、公共の役割を抑制し、民間活力を活用する考え方が強まってきた。

　昭和30年代前半の日本では道路、港湾、用地、用水等の社会資本が生産資本に対して相対的に立ち遅れ、成長のあい路になっていたため、昭和35（1960）年の国民所得倍増計画では社会資本の充実を第1の課題として計画期間中の公共投資額を記載して社会資本の充実に努めた。昭和40（1965）年の中期経済計画ではひずみの是正が課題とされ、公共投資は産業基盤整備中心から生活基盤に重点が移行してきた。また、高度経済成長から安定成長への移行に伴い、昭和50年代後半以降、行財政改革のもと公共投資額は記載されないようになり、さらに社会資本の整備水準の向上や財政の逼迫、公共事業批判等も背景となって、将来の整備目標を示すことも敬遠されるようになってきた。

　平成13（2001）年以降は、国家戦略室を設置して対応した民主党政権下を除いて、経済財政運営については経済財政諮問会議で検討され、毎年度「経済見通しと経済財政運営の基本的態度」が閣議決定されている。経済財政諮問会議では、さまざまな分野にわたり議論が行われる中で、社会資本整備、公共投資をテーマにした議論も行われてきた。

　このうち、経済財政諮問会議発足当初の平成13 ～ 14（2001 ～ 2002）年には小泉構造改革に沿って公共投資の見直しが議論され、平成14（2002）年1月に閣議決定された「構造改革と経済財政の中期展望」で、社会資本整備のあり方として、公共事業の配分の重点化、公共投資の効率化、PFIの活用、公共事業関係の計画の見直し等の考え方が示された。

　また、平成25（2013）年の会議では、今後の社会資本整備について、有識者議員から人口構造の変化や財政制約が厳しくなることを踏まえて、選択と集中を徹底し、優先順位を明確にし、民間活力を最大限に活用することを大原則とすべきとの意見や、国土交通省に対して国土のグランドデザインとそれに向けた社会資本整備の基本方針を策定、実行すべきであるとの意見などが出され、それらの意見は平成26（2014）年に国土交通省が発表した「国土のグランドデザイン2050」に反映された。

　さらに、平成30 ～ 31（2018 ～ 2019）年の会議では、社会資本整備につ

いて、有識者議員から効率の追求、新たな財源の確保、重点プロジェクトの明確化、インフラの老朽化対策、防災・減災対策等の意見が出されたのに対して、国土交通省からは中長期的な見通しのもと、安定的・持続的な公共投資を計画的に行うことにより生産性の向上、防災・減災対策、老朽化対策等を進める方針が示されるなどして議論が行われている。

3-2 国土計画における公共投資

　国土計画は、将来の国づくりの方向性を展望し、そのための国土の利用、開発（または整備）及び保全のあり方を示す総合的な計画である。

　国土総合開発法では、国土を総合的に利用、開発及び保全し、産業立地の適正化を図り、社会福祉の向上に資することを目的として、国土総合開発計画を策定することとしていた。国土総合開発計画は、全国総合開発計画、都府県総合開発計画、地方総合開発計画及び特定地域総合開発計画により構成され、このうち全国総合開発計画は国が全国の区域について作成する総合開発計画であり、国土総合開発計画の階層性の最上位に位置づけられるものである。

　全国総合開発計画は、昭和37（1962）年に策定された第一次の全国総合開発計画以降、昭和44（1969）年の新全国総合開発計画、昭和52（1977）年の第三次全国総合開発計画、昭和62（1987）年の第四次全国総合開発計画、そして平成10（1998）年には第五次全国総合開発計画にあたる「21世紀の国土のグランドデザイン」と5回策定された。

　この全国総合開発計画の中で、公共投資がどのように位置づけられていたのかを整理すると、以下のとおりである。

①全国総合開発計画（昭和37（1962）年10月閣議決定）

　全国総合開発計画（目標年次：昭和45（1970）年）は、国民所得倍増計画に即し、都市の過大化の防止と地域格差の縮小に配慮しながら、自然資源の有効な利用及び資本、労働、技術等の諸資源の適切な地域配分を通して、

地域間の均衡ある発展を図ることを目標として策定された。この計画では、全国を過密地域、整備地域、開発地域に区分して、それぞれ地域別に開発政策の重点を示すとともに、大規模開発地域を選定して育成する「拠点開発方式」が採用された。公共投資については1) 用地、用水、交通、通信、電力等の産業基盤、2) 住宅、上下水道、文教施設、観光施設等の生活環境施設、3) 治水、利水等の総合的観点に立った国土保全施設の整備を図ることとし、事業別公共投資額は国民所得倍増計画における事業別行政投資額に対応するものとしていた。

②新全国総合開発計画（昭和44（1969）年5月閣議決定）

新全国総合開発計画（目標年次：昭和60 (1985) 年）は、経済成長が予想を上回る一方で、公害が社会問題化し、大都市への人口・産業の集中と過密・過疎問題が深刻化したため、高福祉社会をめざして、人間のための豊かな環境を創造することを目標として策定された。この計画では、産業開発、環境保全に関する大規模開発プロジェクトを実施し、全国的なネットワークの整備により全国土の利用の均衡をはかる「大規模開発プロジェクト方式」が採用された。投資の規模は、昭和41〜60 (1966〜1985) 年の累積総固定資本形成（昭和40年価格）が約450兆〜550兆円と見込まれ、このうち民間設備投資は約210兆〜260兆円、民間住宅投資は約110兆〜120兆円、政府固定投資は約130兆〜170兆円としていた。経済の規模は、国民総生産（昭和40年価格）が昭和40 (1965) 年の約30兆円から昭和60 (1985) 年に約130兆〜150兆円へ増大すると見込まれていた。

③第三次全国総合開発計画（昭和52（1977）年11月閣議決定）

第三次全国総合開発計画（目標年次：昭和52 (1977) 年から概ね10年間）は、オイルショック等を契機に経済が高度成長から安定成長に移行しつつある中で、地域特性を活かした人間居住の総合的環境を計画的に整備することを目標として策定された。この計画では、自然環境、生活環境、生産環境の調和のとれた人間居住の総合的環境の形成を図るとともに、大都市

への人口・産業の集中の抑制、地方の振興により過密・過疎問題に対処しながら新しい生活圏を確立するため、「定住構想」という開発方式が採用された。投資の規模は、昭和51〜60（1976〜1985）年の10年間の累積総固定資本形成（昭和50年価格）が約660兆円と見込まれ、このうち民間企業設備投資約290兆円、民間住宅投資約160兆円、政府固定投資約210兆円とされた。また、昭和51〜65（1976〜1990）年の15年間の累積総固定資本形成は約1,150兆円と見込まれ、内訳は民間設備投資約510兆円、民間住宅投資約280兆円、政府固定投資約370兆円程度とされた。経済の規模は、国民総生産（昭和50年価格）が昭和50（1975）年の145兆円から、昭和60（1985）年に約260兆円、昭和65（1990）年に約330兆円に増大すると見込まれていた。

④第四次全国総合開発計画（昭和62（1987）年6月閣議決定）

　第四次全国総合開発計画（目標年次：昭和75（2000）年）は、東京への一極集中を是正し、地域間、国際間で相互に補完、触発しあいながら交流する多極分散型の国土を形成することを目標として策定された。この計画では、開発方式として、地域主導による地域づくりを基本とし、そのための基盤となる交通、情報・通信体系の整備と交流の機会づくりの拡大をめざす「交流ネットワーク構想」が採用された。投資の規模は、昭和61〜75（1986〜2000）年度の間に官民あわせた広義の国土基盤投資（公的固定資本形成、民間住宅投資及びエネルギー、交通、情報・通信、都市再開発等にかかる民間企業設備投資）として、おおむね累積1,000兆円程度（昭和55年価格）が想定されていた。経済の規模は、内需主導による中成長が維持される前提で、昭和75（2000）年度に実質国民総生産でおおむね500兆円台（昭和55年価格）と見込まれていた。

⑤21世紀の国土のグランドデザイン（平成10（1998）年3月閣議決定）

　21世紀の国土のグランドデザイン（目標年次：2010〜2015年）は、東京や太平洋ベルト地帯に人口や諸機能が集中している一極一軸型の国土構造

から多極型の国土構造に転換することが重要であるとし、4つの国土軸と
地域連携軸の組み合わせにより、多様な主体の参加と地域連携を通じて国
土づくりを進めるという考え方を提示した。この計画では、財政再建下と
いう状況に配慮して、国土基盤投資について1) 公共投資基本計画（平成9
年6月）を踏まえた重点的、効率的な投資、2) 地域特性を踏まえた効果的
な投資、3) 次の時代に備えた効果的な投資という基本方向が示されたが、
投資の規模や経済の規模は示されなかった。なお、21世紀の国土のグラン
ドデザインでは国土計画制度全体の見直しが提起され、全国総合開発計画
はこの計画が最後となった。

　全国総合開発計画における公共投資の記述内容から、時代の変化に伴い、
全国総合開発計画における公共投資の位置づけが変化してきたことを指摘
することができる。国民所得倍増計画における公共投資額に対応するとし
た昭和37（1962）年の全国総合開発計画では計画のフレームは示されてい
ないが、昭和44（1969）年の新全国総合開発計画、昭和52（1977）年の第
三次全国総合開発計画、昭和62（1987）年の第四次全国総合開発計画では
人口、土地利用、産業構成等の計画のフレームを設定した上で、公共投資
の規模や経済の規模が計画に盛り込まれていた。このような国づくりをめ
ざすので、どの分野にどれだけの投資が必要であり、総額としてこれだけ
になるという情報が示されていた。しかし、平成10（1998）年の21世紀の
国土のグランドデザインでは、財政再建政策を掲げる橋本内閣のもと、計
画のフレームもなく、投資の規模や経済の規模についても示されなくなっ
た。また、各計画の目次構成を見ると、新全国総合開発計画から第四次全
国総合開発計画までは投資の規模や経済の規模が章節または項目として掲
げられていたのに対して、21世紀の国土のグランドデザインには見られな
くなった。
　国土総合開発法は平成17（2005）年に全面改定され、国土形成計画法と
なった。国土形成計画法では、開発よりも既にあるものの有効活用等に施
策の重点を置くべきとの考え方に基づき、「開発」という言葉は使われなく

表3-3 全国総合開発計画における投資規模に関する記述

名称	閣議決定	策定時の内閣	目標年次	投資規模に関する記述
全国総合開発計画	昭和37年10月	池田	昭和45年	・「第1章第3節全国総合開発計画の性格」で国民所得倍増計画における公共投資額に対応と記載（国民所得倍増計画の計画期間中の投資は16兆1,300億円）
新全国総合開発計画	昭和44年5月	佐藤	昭和60年	・「第一部第3(3)投資の規模」で昭和41～60(1966～1985)年の累積総固定資本形成（昭和40年価格）約450～550兆円と記載 （うち民間設備投資　　　約210～260兆円 　　民間住宅投資　　　　約110～120兆円 　　政府固定投資　　　　約130～170兆円） ※経済規模：国民総生産は昭和40(1965)年の約30兆円から昭和60(1985)年に約130～150兆円に増大
第三次全国総合開発計画	昭和52年11月	福田	昭和52年から概ね10年間	・「第2の4(1)投資の規模と構成」で昭和51～60(1976～1985)年の累積国内総固定資本形成（昭和50年価格）約660兆円と記載 （うち民間設備投資　　　約290兆円 　　民間住宅投資　　　　約160兆円 　　政府固定投資　　　　約210兆円） ・昭和51～65(1976～1990)年の累積国内総固定資本形成（昭和50年価格）約1,150兆円と記載 （うち民間設備投資　　　約510兆円 　　民間住宅投資　　　　約280兆円 　　政府固定投資　　　　約370兆円） ※経済規模：国民総生産は昭和50(1975)年の約145兆円から昭和60(1985)年に約260兆円、昭和65(1990)年に約330兆円に増大
第四次全国総合開発計画	昭和62年6月	中曽根	昭和75(2000)年	・「第Ⅲ章第3節(1)経済の規模と産業活動」で昭和61～75(1986～2000)年度の官民あわせた広義の国土基盤投資（公的固定資本形成、民間住宅投資及びエネルギー、交通、情報・通信、都市再開発等にかかる民間企業設備投資、昭和55年価格）1,000兆円程度と記載 ※経済規模：国民総生産は昭和75(2000)年度におおむね500兆円台に増大
21世紀の国土のグランドデザイン	平成10年3月	橋本	2010～2015年	・「第1部第3章第2節国土基盤投資の計画的推進」で国土基盤投資について1)公共投資基本計画（平成9年6月）を踏まえた重点的、効率的な投資、2)地域特性を踏まえた効果的な投資、3)次の時代に備えた効果的な投資という基本方向が示されたが、投資の規模や経済の規模は示されず。

資料：各計画により作成

なり、それまでの「国土の利用、開発及び保全」は「国土の利用、整備及び保全」に改められた。

表3-4 国土形成計画（全国計画）における投資に関する記述

名称	閣議決定	策定時の内閣	目標年次	投資規模に関する記述
国土形成計画（全国計画）	平成20年7月	福田	今後概ね10年	・国土基盤投資の方向性について、「第1部第4章第1節国土基盤投資の方向性」で 1) 国家戦略や自立のための地域戦略を実現するための投資、2) 地域での対応が求められる問題解決型の投資、3) 安全で安心な国民生活を維持する上で必要な投資、といった複数の視点に立って投資を重点化することが必要であり、社会資本整備重点計画等の実施を通じて具体化すると記載
第二次国土形成計画（全国計画）	平成27年8月	安倍	今後概ね10年	・「第1部第3章第2節(3)国土基盤の維持・整備・活用」で、これからの社会資本整備は、道路ネットワークのミッシングリンクの解消、交通結節点の機能強化等必要な整備を行うとともに、既存ストックの有効活用を図りながら、選択と集中を徹底しつつ計画的に推進することが重要であると記載 ・「第3部第1章第1節国土計画の推進と評価」で、計画の推進に当たっては、まち・ひと・しごと創生及び国土強靱化の施策と連携するとともに、社会資本整備重点計画、交通政策基本計画等の実施を通じて具体化すると記載

資料：各計画により作成

　国土形成計画は全国計画と広域地方計画で構成され、全国計画を基本として広域地方計画が策定されることになっている。平成20（2008）年に策定された国土形成計画（全国計画）では、全国が広域ブロックに分けられ、東アジアとの交流・連携も進めながら、多様な広域ブロックが自立的に発展する国土を構築することにより、一極一軸型の国土構造からの転換を図る方針が示された。国土基盤投資の方向性については、1) 国家戦略や自立のための地域戦略を実現するための投資、2) 地域での対応が求められる問題解決型の投資、3) 安全で安心な国民生活を維持する上で必要な投資、といった複数の視点に立って投資を重点化することが必要であり、社会資本整備重点計画等の実施を通じて具体化するとしており、国土形成計画（全国計画）では投資規模や具体的なプロジェクトは示されていない。なお、5年ごとの社会資本整備重点計画（第1次：平成15 ～ 19（2003 ～ 2007）年度、第2次：平成20 ～ 24（2008 ～ 2012）年度、第3次：平成24 ～ 28（2012 ～ 2016）年度、第4次：平成27 ～ 32（2015 ～ 2020）年度）には、社会資本整

備の重点目標及び事業の概要等が示されている。

　平成26（2014）年に2050年を見据えた国土づくりの方向を示した「国土のグランドデザイン2050」が公表された。ここでは、「コンパクト＋ネットワーク」で国土づくりを進めるとともに、日本経済を牽引するエンジンとして3大都市圏を核としたスーパーメガリージョンを形成し、そのエネルギーを対流させて全国で活用しようという考え方が示されている。この「国土のグランドデザイン2050」を具体化するため、平成27（2015）年に第二次国土形成計画（全国計画）が策定された。第二次国土形成計画（全国計画）では、地域間のヒト、モノ、カネ、情報の対流により、イノベーションの創出を促す「対流促進型国土」の形成を図ることを国土の基本構想として掲げ、そのために「コンパクト＋ネットワーク」の形成を図ることとしている。これからの社会資本整備は、道路ネットワークのミッシングリンクの解消、交通結節点の機能強化等必要な整備を行うとともに、既存ストックの有効活用を図りながら、選択と集中を徹底しつつ計画的に推進することが重要であるとしているが、投資の規模や数値目標は示されていない。なお、計画の推進に当たっては、まち・ひと・しごと創生及び国土強靱化の施策と連携するとともに、社会資本整備重点計画、交通政策基本計画（平成26〜32（2014〜2020）年）等の実施を通じて具体化するとしている。

　全国総合開発計画から国土形成計画に移行してからは、国土形成計画には投資の規模や数値目標は示されず、社会資本整備については5年ごとの社会資本整備重点計画等で具体化されることになった。

3-3 経済計画と国土計画から見た公共投資

　経済計画における公共投資の記述内容と国土計画における公共投資の記述内容を重ね合わせると、以下の3点を指摘することができる。

　第1に、公共投資による社会資本整備が国づくりの基礎であるという考え方が薄らいできたことである。計画期間中の公共投資額は、経済計画では昭和58（1983）年の1980年代経済社会の展望と指針から記載されなくな

り、国土計画では平成10 (1998) 年の21世紀の国土のグランドデザインから記載されなくなった。また、国の一般会計予算総額に占める公共事業関係費の割合は、昭和50年代後半 (1980年代前半) から低下傾向となり、アメリカからの要求により公共投資基本計画に基づき生活関連等への公共投資が増大した平成3 (1991) 年から平成6 (1994) 年にかけては一時的に上昇したが、その後再び低下傾向を示している。経済計画と国土計画に公共投資額が記載されなくなったことや、国の予算総額に占める公共事業関係費割合の低下傾向は、公共投資による社会資本整備が国づくりの基礎であるという考え方が薄らいできたことを示していると考えられる。

第2に、経済計画や国土計画に公共投資額や事業別の配分、将来の整備目標が示されなくなったことにより、計画に即地性、具体性がなくなったことである。国民所得倍増計画や新全国総合開発計画など昭和30年代、40年代の経済計画や国土計画では、プランナーが日本の将来像を描いて、地図を見ながら、時間軸も考慮して、いつ、どこにどのような投資をするのかという地に足の着いた綿密な計画を立てている様子や意気込みが感じられた。しかし、今日の計画では、時流に乗った言葉や目新しいキーワードが散りばめられているものの、どこで、何をするのかが分からない。このため、この国をこうしたいという意気込みや必死さが計画から感じられなくなっている。

第3に、計画的に公共投資を行うことが難しくなってきたことである。昭和30年代から40年代半ば頃までの高度経済成長期には、経済計画も国土計画も産業基盤や生活基盤の整備を公共投資の役割として位置づけ、計画的な公共投資が経済発展に貢献する国づくりが進められてきたが、高度経済成長から安定成長と言われる時代の転換期頃から計画的に公共投資を行うことが難しくなってきた。政府の関与を抑制する考え方が強まる中、昭和58 (1983) 年の1980年代経済社会の展望と指針では、従来の計画という文言を排し、公共の役割を限定し、自由な競争を基本原理とした市場経済を基調とする考え方が強まってきた。他方、土木では、公共が階層性のトップに立って従来の公共主導の社会資本整備や公共投資基本計画に基づ

いた社会資本整備を進める中で、国と地方自治体の財政悪化を招くなどして、公共事業批判や全国総合開発計画不要論などが湧き起こり、計画的に公共投資を行い、社会資本整備を進めることが難しい状況になってきた。

このように時代の変化とともに経済計画や国土計画の中で社会資本の整備を行うことが国づくりの基礎であるという考え方が薄らぎ、公共投資額や将来の整備目標が示されなくなった。日本の社会は資本主義社会であり、民間による市場での自由な競争が原則であるとしても、社会の基盤を築くための公共投資は民間に任せておいては実行されない分野を担っているので、公共投資は政府や地方自治体が計画的に実施する必要がある。

また、長期的な視点も重要である。短期的に状況の変化に柔軟に対応したり、臨機応変に対応することが必要なこともあるが、将来のあるべき姿を実現するためには長期間にわたり計画的に事業を継続していくことが基本である。社会資本整備には調査、計画、用地、設計、施工などの工程があり、大規模で、広域的な社会資本整備になるほど実現までに長期間を要するが、現状では財政サイドからコンパクトさを要求され、社会資本整備は短期的に対応可能な、小規模なものとならざるを得ない状況になっている。国を発展させるためには、将来の国の発展ビジョンを見据えた経済発展に役立つ計画的、長期的な公共投資が望まれる。

4. 経済と土木から見た今日の公共投資の課題

公共投資をめぐって、経済と土木の間には考え方の違いがあると考えられる。主な違いとして以下の4点があげられる。

第1に、国づくりの進め方についてである。経済では国全体を国民経済レベルで俯瞰的に見て国づくりを進めていこうとする考え方が強いのに対して、土木では地域の発展の積み上げによって国づくりを進めていこうとする考え方が強い。これは、国づくりを中央から進めるのか、地方から積

み上げていくのか、あるいはあるべき将来像をめざしてトップダウンの手法をとるのか、地域の求めに応じて現状の問題を解決するボトムアップの手法をとるのかという考え方の違いとなって現れる。

第2に、即地性についてである。経済では国全体を俯瞰して公共投資を計画、実施するため、その土地の自然条件（気象、地形、土壌等）や社会条件（土地利用、人口構成、産業構成、歴史等）への関心が比較的薄いのに対して、土木ではその土地の自然条件や社会条件に即して公共投資を計画、実施するため即地性が強い。このため、経済では、土木に比べて公共投資による国全体の経済規模の拡大への関心は高いが、公共投資による個別の事業と地域との関わりへの意識は低い。一方、土木では、経済に比べて公共投資による国全体の経済発展への意識は低いが、個別の事業と地域との関わりへの関心は高い。

第3に、期待する効果と効果発現の期間についてである。経済では公共投資により国内総生産や雇用がどれだけ拡大するかというフロー効果を重視するのに対して、土木では公共投資による社会資本ストックが経済・産業活動や住民生活の向上にどれだけ貢献するかというストック効果を重視する。フロー効果は短期間に発揮され、ストック効果が発現するまでには長期間を要するため、経済では公共投資の短期的効果を、土木では長期的効果を重視することになる。

第4に、公共の役割についてである。経済では資本主義経済が発展するにしたがい経済活動の中心は民間が担い公共の役割は社会保障分野などを除いて縮小する、あるいは民間の需要が落ち込む時に公共が補完するなどと考えるのに対して、土木では公共が階層性のトップに立ち土木の中心的な主体であり続ける。このため、社会の変化や経済の動向に対応して、経済と土木の間で、公共と民間の役割をどのように位置づけるのか、公共投資と国の発展の関わりをどのように考えるかが重要となる。

このように経済と土木の間には公共投資に対する考え方に違いがあるが、1960年代には国民所得倍増計画の目標をめざして経済と土木が密接に関連していたため、考え方の違いを乗り越えて相互に補完する関係にもあった

と考えられるが、今日では公共投資をめぐる経済と土木の関係が希薄に
なってきていることもあり、公共投資が国づくりに有効に活かされにくい
状況となっている。このことを踏まえた上で、経済と土木からみた今日の
公共投資の課題を整理すると、以下のとおりである。

（1）国力を高める計画的な公共投資

　国力を表現するにはさまざまな方法があると考えられるが、国内で生み
出される生産物やサービスの総和である国内総生産（GDP）で国力を表現
するとすれば、日本のGDPは1990年代以降伸び悩んできたので、日本の
国力は低迷していると言える。

　平成9（1997）年の橋本内閣での財政構造改革や平成13（2001）年以降の
小泉構造改革のもと、公共投資の水準を経済や財政と整合性をとれたもの
とすることや公共投資の配分の重点化、公共事業関係計画の見直し等が行
われ、公共投資が削減されてきた。平成21（2009）年に発足した民主党政
権では「コンクリートから人へ」という理念のもと、公共事業費の削減等が
行われ、平成24（2012）年以降の安倍内閣ではアベノミクスにより一時的
に公共投資が増加したものの、平成9（1997）年以降基調として公共投資は
削減されてきた。

　公共投資による社会資本形成は経済・産業活動と国民生活を支える基盤
であるので、公共投資を削減することは、GDPの構成要素の1つである公
的固定資本形成を減らすだけでなく、政府最終消費支出や民間最終消費支
出、民間固定資本形成等にも影響を与えてGDP全体の伸びを抑えること
になる。このままではGDPの伸び悩みが続いていくことが想定されるため、
国力を高めるための公共投資のあり方を考える必要がある。

　今日、公共投資については、経済財政諮問会議で毎年経済や財政との整
合性をとりながらその水準や方向性が決められている。かつて第1次オイル
ショック後の総需要抑制策により公共投資が削減された際には、大規模な
公共事業が計画の変更や工期の延長などの対応を余儀なくされたが、公共
投資が抑制傾向となり、公共投資の水準が毎年変動しやすい状況では、長

期間にわたる広域ブロックにまたがる、あるいは全国や海外にも関係するような大規模な公共事業は完成までの見通しが立ちにくいので敬遠されがちになる。このため、短期的に実現可能で、狭い範囲内の小規模な事業が中心にならざるを得ないが、経済や財政の動向に合わせて小規模な需要追随型あるいは問題解決型の公共事業を行っている限り、日本の国土構造は変わらない。日本の国土・国民が有する潜在的な力を発揮するためには、過去からのトレンドを転換して現在の国土構造を変える必要があると考えられるが、その立場からすると、長期的な視点で計画的に大規模で広域的な公共事業を実施することができるように公共投資を行うことが重要である。

　また、1980年代には計画に制約されることを嫌い、公共の役割を抑制し、市場経済に委ねることが良いという新自由主義の考え方が強まり、公共投資の分野でも国鉄などの民営化が行われるとともに、公共に代わって民間活力の活用などが叫ばれるようになったが、民間活力による公共の代替は必ずしも良い成果だけをあげているとは言えない。例えば、国鉄の分割民営化は利用者サービスの向上や効率的な運営などのプラス面をもたらす一方で、昭和55（1980）年の日本国有鉄道経営再建促進特別措置法（国鉄再建法）施行により建設中の路線を含めて地方の鉄道路線が路線廃止か第3セクター化かの選択を迫られ、鉄道路線が廃止された地域だけでなく、第3セクターとして鉄道が運営されている地域でも地域の衰退が進行し、当時存続したJR路線でも北海道などの地方では今日赤字路線として存廃問題が検討されている。こうした状況から、公共投資の効率化や国鉄の分割民営化が地方の衰退を招く一因になってきたことにも留意する必要がある。公共投資の分野の中では民間に任せることが可能な分野もあるが、民間に任せることが難しく、公共が主体とならなければならない分野もあると考えられる。

　1960年代には経済計画も国土計画も産業基盤や生活基盤の整備を公共投資の役割として位置づけ、太平洋ベルト地帯を中心に計画的に公共投資を行うことによって、民間投資や民間消費を誘発して日本の高度経済成長を実現したことを考えると、公共が主体とならなければいけない分野では

国力を高める公共投資を計画的に進めることが重要である。

(2) 地域が変わる公共投資

　土木では公共投資のストック効果を重視しているが、実際には、社会資本整備により立派な構造物ができたり、ナショナルミニマムの確保やミッシングリンクの解消という視点で空白地域に道路が開通しても、つくった社会資本が十分に活用されず、土木の力が地域の経済発展につながっていない状況も見受けられる。公共投資のストック効果が発現されるまでには、公共投資により整備される社会資本が長期間にわたって経済・産業活動の生産性の向上や住民生活の向上を継続的にもたらし、その効果を地域の人々が有効に活用して地域の発展につなげるというプロセスがあるが、このプロセスが重視されていないということである。その背景には、社会資本整備における国づくり思想の希薄化があると考えられる。

　公共投資による社会資本整備を地域の経済発展に結びつけるためには、地域づくりの主体である地方自治体や住民等の取り組みが重要であるが、社会資本整備の事業主体としても社会資本整備が地域づくりに役立つための取り組みについて考える必要がある。例えば、社会資本のうち治水事業・道路事業の事業評価では、費用便益比が複数の項目のうちの一項目となっているが、その便益算定の内容を見ると、治水事業でも道路事業でも、事業実施による周辺の土地利用の変化は便益算定に反映されない仕組みになっており、事業主体が現在の知見で一定の精度で貨幣換算できると判断した項目に限定して便益が算定されている。このことが、治水事業の担当者は治水事業に、道路事業の担当者は道路事業に専念するものであり、これらの社会資本整備を活かす地域づくりは地元の地方自治体や住民主体で行うものだという考え方につながり、社会資本整備と地域づくりの関連を希薄にする一因になっていると考えられる。

　また、社会資本整備によるストック効果は、治水事業や道路事業などの単一の事業だけで発現されるものではなく、河川、道路、港湾、鉄道、空港等さまざまな事業が組み合わされ、さらにそれを活かすための土地利用

の高度化や産業振興等の取り組みが行われて長期間にわたり総合的に発揮されるものである。このため、社会資本整備のストック効果は、治水事業による水害軽減効果や道路整備による移動時間の短縮などという個別の指標だけで捉えられるべきではなく、社会資本整備と地域の変化を長期的、総合的に観察し分析することを通じて把握されるべきである。

　国民から支持を得て継続的に公共投資を行うためには、公共投資による成果を国民が分かるように示すことが重要である。公共投資の効果について、役所が条件を設定して限られた範囲内で精緻な計測を行い、得られた数値が役所の定めた基準に沿っているかどうかで判断するのは、国民の感覚とは異なる。国民が見て公共投資により地域が変わった、国が変わったと認識できるかどうかをもっと重視する必要がある。土木の力を地域の経済発展につなげた時に、国民は公共投資の意義を認め、公共事業批判という流れを公共事業への支持という方向に転換させることができると考える。

(3) 国民に支持される公共投資

　1960年代の前半は日米安保闘争や労使闘争などで社会が混乱し、国民は新たな時代の到来を望んでいた。そこに発表された国民所得倍増計画は、国民所得が2倍になれば、肉や牛乳、卵、加工食品を食べることができ、自動車などの耐久消費財を購入することができ、一戸建ての住宅に住むことができるなど、具体的で、国民に将来への希望を与える内容となっていた。政府は国民の潜在的な能力を理解して、計画と目標を提示して国民を導き、国民は政府が示した計画と目標を支持して豊かな暮らしをめざして懸命に働いた。その結果、高度経済成長を実現した。

　これに対して、今日では国民の支持を受けて公共投資が行われているとは言いがたい。1990年代には日米構造問題協議をもとにアメリカからの要求に基づいて策定された公共投資基本計画により公共投資が拡大されるとともに、バブル経済崩壊後の景気対策のために地方を中心に公共投資が拡大されたものの、景気回復には至らず、国・地方自治体の財政悪化を招いたため、財政学者やマスコミなどを通じて公共事業批判が行われるように

なった。平成9（1997）年には橋本内閣の財政構造改革により公共投資が見直され、平成13（2001）年に発足した小泉内閣では公共投資改革により公共投資額は毎年削減され、平成21（2009）年に誕生した民主党政権でも公共投資の削減が行われ、公共投資は悪であるかのような扱いを受けてきた。これにより、公共投資により産業基盤や生活基盤といった社会資本の整備を行うことが国づくりの基礎であるという考え方が国民から失われてきた。

　公共投資が経済発展に結びつくためには、公共投資により社会資本整備を進めたいという推進主体の意思が、国民に伝えられて、国民から支持を受けることが重要である。経済発展は国の指導者が計画を策定し、施策を講ずれば実現できるものではない。経済活動を実践するのは国民である。このため、国民が将来に希望を持てる目標を掲げて、国民を導くことが重要である。

　公共投資の対象地域が大都市圏であれば、過去からの蓄積があるために、地域の自治体や住民等が関わりを持たなくても公共投資による社会資本整備が民間の経済活動を誘発する動きが出てくることを期待することもできるが、地方の場合には社会資本整備の推進主体と地域の自治体や住民等が共通の理解のもと社会資本整備を地域づくりに活かすための取り組みをすることが重要である。このため、国民に対して、公共投資により産業基盤や生活基盤といった社会資本整備が地域づくりの基礎であるという考え方を伝えた上で、将来に希望が持てる目標を提示し、その目標に向けて行政だけでなく、国民等が一緒になって取り組んでいく気運を盛り上げていく必要がある。

＜注＞

1) 伊藤元重「マクロ経済学　第2版」47頁
2) 伊東光晴「現代に生きるケインズ」135-136頁
3) 伊藤元重「マクロ経済学　第2版」22-23頁
4) 「穴を掘っては埋める」という言葉は、ケインズが「雇用・利子および貨幣の一般理論」で用いているとして引用されることが多いが、ケインズは「穴を掘っては埋める」というような政策について、「われわれがひとたび有効需要を規定する影響力を理解するならば、分別のある社会がそのような思いつきにすぎない、しばしば無駄の多い緩和策に頼って満足しているのは理に合わぬことである」と述べている（ケインズ（塩野谷祐一訳）「雇用・利子および貨幣の一般理論」218頁）。
5) インフラ政策研究会「インフラ・ストック効果」74-75頁
6) David Alan Aschauer "Is Public Investment Productive ?",Journal of Monetary Economics, Volume 23,Issue 2,March 1989,Pages 177-200
7) 吉野直行・中島隆信編「公共投資の経済効果」46-76頁
8) ハイエク（渡部茂訳）「ハイエク全集第10巻　法と立法と自由Ⅲ」42頁
9) 松尾匡「ケインズの逆襲　ハイエクの彗眼」99-100頁
10) 土木事業の特徴については、高橋裕・石綿知治・小寺重郎「土木工学概論第2版－土木とは何か－」4-6頁、高橋裕「現代日本土木史第二版」10-15頁を参照。
11) 長尾義三「土木計画序論」60-62頁
12) 藤井聡「土木計画学」(2008年)13頁。なお、藤井聡「改訂版　土木計画学」(2018年)15頁では、土木を「自然の中で我々が暮らしていくために必要な環境を整えていくことを通じて、我々の社会を存続させ、改善していこうとする社会的な営みを意味する」と改めて定義している。
13) 藤井聡「土木計画学」(2008年)40-42頁
14) 社会資本整備審議会の第10回道路分科会（平成21年1月）配布資料では、日本、ドイツ、ニュージーランド、イギリス、フランスにおける道路事業の便益算定項目が比較されている。
15) 日本道路協会「道路の長期計画」466-467頁

国力を高めるための公共投資

　第3章では経済と土木から公共投資を考察し、今日の公共投資の課題として1) 国力を高める計画的な公共投資、2) 地域が変わる公共投資、3) 国民に支持される公共投資という3つの課題を抽出した。第4章では、これらの課題を踏まえて、日本の国力を高めるための公共投資について考察する。

1. 公共投資を基礎とした国の発展

1-1 国民の意識と経済発展の必要性

(1) 日本の将来への国民の意識

　内閣府が平成26 (2014) 年度に行った日本の将来像に関する世論調査では、日本の将来や人口減少に関する国民の意識が示されている。

　50年後の日本の未来について、「明るい」と「どちらかといえば明るい」の合計で33.2%、「暗い」と「どちらかといえば暗い」の合計で60.1%となっている（図4-1）。「どちらかといえば」を含めて、日本の将来は暗いと考える人が6割である。

　また、国際的に見て50年後の日本の1人当たりの所得水準の順位が上がるか下がるかについては、「大きく上がる」と「やや上がる」の合計で17.6%、

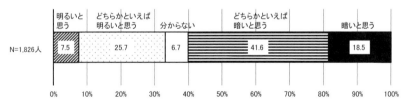

図4-1　日本の未来に対する意識
［質問項目］あなたは、50年後の日本の未来は，現在と比べて明るいと思いますか、それとも暗いと思いますか。
資料：内閣府「人口、経済社会等の日本の将来像に関する世論調査」（平成26年8月）より作成

「現在と変わらない」が20.9％、「やや下がる」と「大きく下がる」の合計
が53.9％となっている（図4-2）。国際的に見て日本の所得水準の順位が下
がると考える人が過半数を占めている。なお、質問項目には前段として日
本の所得水準が低下したことを示す文章が入っており、回答を誘導してい
る可能性があることに留意する必要がある。

　国際的に見た日本の所得水準の見通しを、前述の日本の未来に対する意
識とクロスさせてみると（図4-3）、日本の未来が「明るい」「どちらかと
いえば明るい」と考えている人では日本の所得水準の順位が「大きく上が
る」「やや上がる」という割合が比較的高いのに対して、日本の未来が「ど

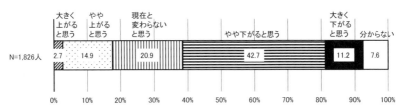

図4-2　国際的に見た日本の所得水準の見通し
［質問項目］2012年に日本の一人当たりの所得水準は、北米やヨーロッパ諸国といった先進諸国の
　　　　　中で第10位になりました。あなたは、50年後の日本の一人当たりの所得水準の順位は、
　　　　　上がると思いますか、それとも下がると思いますか。
資料：内閣府「人口、経済社会等の日本の将来像に関する世論調査」（平成26年8月）より作成

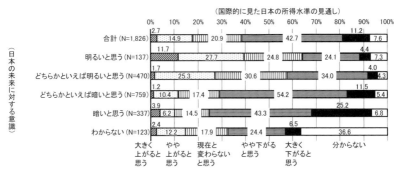

図4-3　国際的に見た日本の所得水準の見通しと日本の未来に対する意識
　　　　（クロス分析）
　　　資料：内閣府「人口、経済社会等の日本の将来像に関する世論調査」（平成26年8月）より作成

ちらかといえば暗い」「暗い」と考えている人では日本の所得水準の順位
は「やや下がる」「大きく下がる」という割合が比較的高い。所得水準の
見通しが日本の未来に対する意識に反映しており、所得水準が下がると考
えている人の多さが日本の未来が暗いという人の多さにつながっていると
考えられる。

　このように日本の所得水準が下がることが予想されることから日本の将
来は暗いと考える人が多いが、人々はこのままで良いと考えているわけで
はない。日本がめざすべき社会像については、「成長・発展を追求する社会」
と「緩やかに成長・発展を持続する社会」の合計で56.6%を占めており、「現
在程度の水準を維持した社会」が14.3%、「縮小しながら一人当たりの豊か
さの保たれた社会」が25.4%となっている（図4-4）。日本がめざすべき社

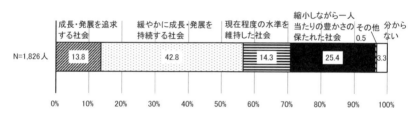

図4-4　めざすべき社会像
［質問項目］あなたは、日本の未来について、どのような社会をめざしていくことが望ましいと思
　　　　　いますか。
資料：内閣府「人口、経済社会等の日本の将来像に関する世論調査」（平成26年8月）より作成

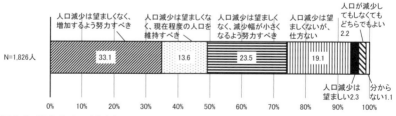

図4-5　日本の人口減少について
［質問項目］あなたは，日本の人口が急速に減少していくことについてどう思いますか。
資料：内閣府「人口、経済社会等の日本の将来像に関する世論調査」（平成26年8月）より作成

会像について、「緩やかに」を含めて全体の過半数が成長・発展する社会を望んでいる。

　また、日本の人口減少については、「人口減少は望ましくなく、増加するよう努力すべき」が33.1％、「人口減少は望ましくなく、現在程度の人口を維持すべき」が13.6％、「人口減少は望ましくなく、減少幅が小さくなるよう努力すべき」が23.5％、「人口減少は望ましくないが、仕方ない」が19.1％、「人口減少は望ましい」が2.3％、「人口が減少してもしなくてもどちらでもよい」が2.2％となっている。人口減少が望ましいという回答は2％程度と少なく、全体の3分の1は人口増加に向けて努力すべきであるとし、人口増加と人口維持を望む回答は半数近くになっている。

（2）経済発展の必要性

　平成2（1990）年以降の主要国の国内総生産の推移を見ると（図4-6）、日本の国内総生産は1990年代後半以降低迷してきたことが分かる。1980年代後半には、日本は近い将来アメリカを抜いて世界一の経済大国になるのではないかとも言われていたが、実際には日本経済は1990年代後半以降低迷し、アメリカや中国の成長ぶりにははるかに及ばない状況となっている。この結果、世界全体の国内総生産に占める日本の割合は、平成2（1990）

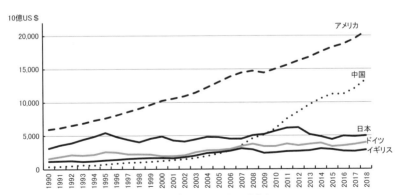

図4-6　主要国の国内総生産の推移（1990～2018年）
資料：IMF資料より作成

年に世界第2位の13.3%であったが、平成30（2018）年には世界第3位の5.9%に低下している。それだけ日本の経済的な地位が低下しているということである。なお、平成30年12月にTPP（環太平洋パートナーシップ協定）が発効し、TPP加盟11か国で世界の国内総生産の13.3%に相当する自由貿易圏が誕生することになったと言われたが、世界の国内総生産の13.3%という経済規模は平成2年には日本一国の経済規模であった。

　昭和60（1985）年度から平成29（2017）年度にかけての国内総生産と政府の一般会計税収の関係を見ると（図4-7）、1980年代後半には国内総生産が増加するにつれて税収も増加したが、1990年代に国内総生産が伸び悩むと税収は減少しており、国内総生産と税収には密接な関連があることが分かる。また、この間には平成元（1989）年に消費税3%が導入され、平成9（1997）年には消費税が2%引き上げられて5%となり、平成26（2014）年には消費税がさらに3%引き上げられ8%となったが、消費税の導入や引き上げ後には税収の減少や伸び悩みが見られる。

　国内総生産は民間最終消費支出、政府最終消費支出、民間固定資本形成、公的固定資本形成、在庫品増加、財貨・サービスの純輸出で構成されているが、平成7（1995）年度から平成29（2017）年度にかけて主要項目の推移を見ると（図4-8）、民間最終消費支出（個人消費）は275兆円から303兆

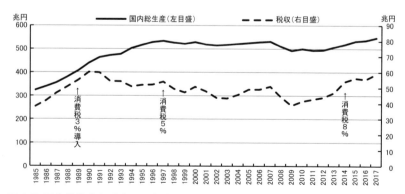

図4-7 国内総生産と政府の一般会計税収（1985〜2017年度）
資料：名目GDPは内閣府「国民経済計算確報」、税収は財務省資料より作成

円へと10.2%増加、政府最終消費支出（政府による消費財への支払い、公務員給与、社会保障費等）は79兆円から108兆円へ36.7%増加、民間固定資本形成は107兆円から103兆円へ3.7%減少、公的固定資本形成は48兆円から28兆円へ41.7%減少している。つまり、国内総生産はこの約20年間に横ばい状態となってきたが、この間に公共投資が削減され、民間投資も減少して、個人消費は伸び悩み、社会保障費等の政府最終消費支出が増えることによって、国内総生産の横ばい状態が保持されてきたことが分かる。社会保障費等を除けば、日本の経済規模は縮小傾向にある。

　経済規模が縮小すると、前述の意識調査結果のように、日本の将来は暗いと考える人が多くなる。経済規模が縮小すると、家計では所得が増えない。所得が増えないと、消費や投資を控える。消費や投資を控えると、企業による財・サービスの提供が縮小する。財・サービスの提供が縮小すると、企業収益が悪化する。企業収益が悪化すると、従業員の所得が減少する。従業員の所得が減ると、日本の将来が暗いと考える人が増えるという循環に陥る。

　また、国家レベルでも、緊縮財政で国内総生産が伸び悩むと、政府の租税収入が減る。政府の税収が減ると、歳出をまかなうために赤字国債を発

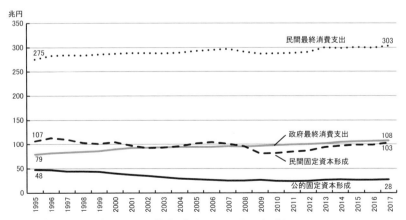

図4-8 名目GDPの主要項目の推移（1995〜2017年度）
資料：内閣府「国民経済計算確報」より作成

行せざるを得なくなり、国債発行残高が増える。国債発行残高が増えると、「国の借金」（正しくは政府の借金）で財政が破たんすると宣伝される。財政が破綻すると言われると、増税もやむを得ないと思う国民が増える。増税やむなしという国民が増えると、増税される。増税されると、消費が伸び悩む。消費が伸び悩むと、国内総生産が増えない。国内総生産が増えないと、日本の将来は暗いと考える人が増えるという循環に陥る。

　日本の将来を明るくするためには、日本が発展しなければならない。日本を発展させるためには、経済規模を拡大することが必要であるにもかかわらず、目先の収支均衡のために公共投資の抑制や増税を基調とした政策が行われてきたため、日本は発展の可能性を狭めている。しかし、前述の意識調査結果のように、日本の将来について60％が「暗い」と考えている半面、日本は「成長・発展を追求する社会」や「緩やかに成長・発展を持続する社会」をめざすべきだという割合が56％を占めている。過半数の国民は成長・発展する社会を望んでいる。このため、国の指導者には日本の発展する道筋を示し、国民を誘導することが求められている。

1-2 国の発展の基盤を築く公共投資

（1）国の発展に不可欠な公共投資

　日本は、近代国家になってから2度大きな発展をとげた。1度は明治維新後であり、もう1度は第2次世界大戦後である。2度の発展に共通している点として、国づくりの基盤となる社会資本整備が集中的に行われたことがある。

　明治維新後、政府は西洋の技術を導入して海外への輸出品を生産する製糸・紡績工場を官営で経営し、旧幕府などが経営していた鉱山や造船所などを接収して直営とするとともに、国家統一と文明開化のシンボルとして鉄道の整備を積極的に進め、生糸・茶などの輸出品の生産地や石炭などの鉱山と港湾などの間の輸送基盤の充実を図った。また、第2次世界大戦後は、まず国土の復元のための戦災復興事業、海外からの引揚者等の受け入

れや食糧増産のための緊急開拓や土地改良事業を行い、その後電源開発や道路、港湾等の産業基盤の整備を進め、京浜、中京、阪神、北九州の四大工業地帯をつなぐ太平洋ベルト地帯に臨海工業地帯を形成した。明治維新後の公共投資は日本での産業革命や資本蓄積を支える基盤となり、第2次世界大戦後の公共投資は太平洋ベルト地帯を中心に工業化を進め高度経済成長を支える原動力になった。

公共投資の役割は、目標とする将来の国の姿に向けて、民間に任せていたのでは行われない分野で、将来の国づくりに向けて必要な産業基盤や生活基盤といった社会の土台となる社会資本の整備を行うことである。民間企業が発展していくために将来に向けた投資が必要なように、国が発展していくためには将来の国づくりに向けて産業基盤や生活基盤を整備するための投資が必要である。投資をしなければ、国は衰退していく。他の国が投資する中で、日本だけが投資を怠れば、日本は他の国々との比較で相対的にますます衰退していくことになる。

国民経済計算では、投資は民間住宅投資、民間企業設備投資、政府投資に分けられ、投資内容は建設物への投資と機械等への投資に分けられるが、国土交通省「令和元年度建設投資見通し」によると、民間住宅投資は建設投資100%（不動産仲介手数料を除く）であり、民間企業整備投資は建設投資18.9%、機械等81.1%であり、政府投資は建設投資77.2%、機械等22.8%である。民間企業設備投資では8割以上が機械等への投資であるのに対して、政府投資では8割近くが建設物への投資である。これは民間投資と公共投資の役割の違いを示している。公共投資は産業基盤・生活基盤を整備し、その公共投資による産業基盤・生活基盤を活用して、あるいは公共投資に誘導されて民間の住宅投資や機械等への設備投資が行われる。

昭和30（1955）年以降の公的固定資本形成と民間固定資本形成の推移を見ると（図4-9）、1990年頃までは公的固定資本形成が増えるにつれて民間固定資本形成が増えてきた。しかし、1990年代前半には公的固定資本形成の増大にもかかわらず、バブル崩壊により民間固定資本形成は減少し始め、1990年代後半以降の公的固定資本形成の減少に伴い民間固定資本形

図4-9　民間固定資本形成と公的固定資本形成の推移（1955～2017年度）
資料：内閣府「国民経済計算確報」より作成

成は減る傾向にある。景気循環や投資環境の変化などに加えて、公共投資の活かし方も影響するので、公共投資の増加は民間投資の増加にとって必要であるが、公共投資が増加しても民間投資が増加するとは限らない。公共投資は国内総生産を構成する一要素であるため、公共投資を増やすだけで一時的に国内総生産は増加するが、公共投資が呼び水となって民間投資を導き、国内総生産を継続的に増加させていくためには、公共投資を民間投資の増加に結びつけるための取り組みや条件が必要になる。公共投資を行ったから経済発展するとは限らないが、公共投資なしには将来の国の発展は見込めないということである。

　前述の意識調査結果で示したように、国民が日本の将来は暗いという意識から脱して、将来に希望を持てる国づくりをめざすことが重要である。国民が将来に希望を持てる国づくりのための道筋は1つではないが、経済発展により日本の国力を高めることを目標とすることもその1つである。人口の増加や維持にとっても経済発展は重要である。国が経済発展しないと国民は不安になり、消費や投資を差し控える。他方、経済発展が見込める時には、国民は期待を抱き、消費や投資に積極的になる。また、日本経済の停滞は発展する海外諸国との関係で日本の相対的地位の低下を招き、逆に日本経済の発展は日本の相対的地位の上昇をもたらす。日本の地位の上

昇は、世界における日本の影響力を高め、より良い世界を実現するために日本が果たす役割を高めることにつながる。

(2) 公共投資を国の発展に結びつけるために重要なこと

公共投資と国の発展との関係について、マクロ経済学では公共投資は財政政策の手段として扱われ、短期的に国全体で何兆円の公共投資額の投入により国内総生産がどれだけ増大するかという数式の世界で議論されがちであるが、実際には公共投資により整備される社会資本が長期間にわたって経済・産業活動の生産性の向上や国民生活の向上を継続的にもたらし、そのストック効果を地域の人々が有効に活用して地域の発展につなげ、各地域の発展が総合されて国の発展をもたらすというプロセスがあり、このプロセスを大事にすることが公共投資のストック効果を増大させることになる。公共投資を国の発展に結びつける上では、以下の3点が重要であると考えられる。

①趨勢ではなく、あるべき国の姿をめざす

人口減少は所与のことであり、その中でも特に地方の過疎化は急速に進むという前提に立てば、公共投資は人口や需要が多い大都市圏を重視し、人口や需要が少ない地方圏の投資は抑制されることになる。また、大都市圏と地方圏における公共投資の効果の違いを固定的に考えると、効率のよい大都市圏への投資を優先すべきだとの結論が導かれる。その上、財政健全化という目標が掲げられれば、公共投資を大都市圏やコンパクトシティなどに重点化すべきだという声はますます強まることになる。

過去からの趨勢をもとに将来を考えることは堅実ではあるが、将来の可能性を狭めてしまう。考え方を変えたり、政策を変えることにより、将来の結果が変わる可能性はある。人口増加政策により国内人口が増える可能性はある。豊かな国民を増やしたり、国民に将来への希望を与えることにより、国内の消費需要が増える可能性はある。社会資本整備の進め方や地域の取り組みを変えることにより、大都市圏に比べて低いと考えられてい

る地方圏で公共投資の効果が向上する可能性はある。現在の地方に将来大
都市圏が創造される可能性はある。

　社会資本は国民生活や経済・産業活動を支える基盤であるので、日本の
国土や国民に潜在的な力があるという見方に立てば、日本の将来のあるべ
き国の姿を描き、それを支える社会資本を整備するための公共投資のあり
方を検討することが重要である。

　それではどのような国づくりをめざすのか。筆者は、100年先をめざして、
地方に新たな大都市圏を創造することにより、既存の首都圏、中部圏、近
畿圏の3大都市圏に加えて、人口が1,000万人を超える北海道圏、東北圏、
北陸圏、中国四国圏、九州圏の5つを合わせて、8つの大都市圏を形成す
ることを通じて日本全体を発展させることを提唱している。そこでは、新
たな大都市圏の創造により、日本の人口は2010年の1億2,806万人から
2110年には1億5,000万人に増加することを想定している。[1]

②公共投資による社会資本整備の効果を地域の発展という視点で捉える

　概して大都市圏では人口が多く、産業・都市機能が集積しているため、
公共投資に伴い民間投資が誘発されやすいのに対して、地方圏では人口が
少なく、産業・都市機能の集積も少ないので、公共投資による民間の動き
も起こりにくい。しかし、大都市圏に比べて不利な条件の地方圏でも、社
会資本整備を活かして地域の発展を実現している事例がある。そこでは、
社会資本整備の主体だけでなく、地域の行政や住民等が一体となって、さ
まざまな社会資本整備を調整し、地域の計画と連動させながら、総合的、
計画的に社会資本整備を地域づくりに活かすために主体的な取り組みが行
われている。公共投資による社会資本整備が地域づくりに活かされている
成功例に学び、どうしたら地方での社会資本整備を地域づくりに活かすこ
とができるのかを考え、取り組む必要がある。

　また、社会資本整備のストック効果は、河川事業や道路事業などの単一
の事業だけで発現されるものではなく、河川、道路、港湾、鉄道、空港等
さまざまな事業が組み合わされ、さらにそれを活かすための土地利用の高

度化や産業振興等の取り組みが行われて長期間にわたり総合的に発揮され
るものである。このため、公共投資による社会資本整備のストック効果は、
河川事業による水害軽減効果や道路整備による移動時間の短縮などという
個別の指標だけで捉えるのではなく、社会資本整備と地域の変化を長期的、
総合的に分析することを通じて把握されるべきである。

　公共投資を活かした地域の発展については、第4章2で取り上げる。

③国民の理解を得て公共投資を総合的、計画的に進める

　公共投資による社会資本整備を地域の発展に結び付けるためには、社会
資本整備の主体と地域の自治体や住民等が社会資本整備を活かして地域を
発展させるという目標を共有することが大事である。これまでは、河川行
政は河川事業を行い、道路行政は道路事業を行うだけで、それを活かした
地域づくりは地方自治体や住民等に任されていた面があったが、必ずしも
社会資本整備が地域づくりに活かされてきたとは言い難い状況も見られた。
社会資本整備が行われて、地域づくりの計画が進められたとしても、計画
の目標が地域の住民等に広く浸透していなければ、公共投資が地域づくり
に結び付くことは難しい。

　大都市圏であれば、社会資本整備が行われると地域の自治体や住民等が
あまり関わらなくても民間が社会資本を活用しようという動きが出てくる
可能性は高いが、地方圏の場合には、意識的に事業主体と地域の自治体や
住民等が共通の認識を持って社会資本整備を地域づくりに活かすための取
り組みをすることが求められる。このため、国民に向かって社会資本整備
の重要性を伝えて、国民の理解を得る戦略を考える必要がある。大事なこ
とは、日本には発展の可能性があり、日本の発展のためには各地で社会資
本整備を活かして地域の発展に結び付けるための取り組みを、行政だけで
なく、住民等が一緒になって行う必要があることを国民に認識してもらう
ことである。

　公共投資に対する国民の理解については、第4章3で取り上げる。

2. 公共投資を活かした地域の発展

2-1 四国中央市の製紙・紙加工業の発展

　愛媛県四国中央市は平成16 (2004) 年に伊予三島市、川之江市、土居町、新宮村が合併して誕生した日本一の紙のまちである。宝暦年間 (1751〜1764年) に嶺南 (銅山川沿い) で紙漉きが行われたという伝承があり、これが宇摩地方の製紙の始まりとされている。その後、天保から幕末にかけて金砂村や新宮村 (いずれも現四国中央市) の銅山川流域で紙漉きが行われて、三島や川之江に出荷されるようになった。

　宇摩地方の製紙業は、江戸時代に藩によって保護、奨励されていた大洲などの県内他地域に比べて後進地域であった。しかし、宇摩郡の製紙業者数は明治4 (1871) 年の80戸から明治34 (1901) 年には520戸にまで増加し、明治34年の宇摩郡の生産額は県全体の60％を占めるまでに成長した。[2]

　宇摩地方が明治時代に県内最大の紙産地になった理由として、「四国中央市工業振興ビジョン」では第1に廃藩置県による自由競争の到来をあげている。[3] 江戸時代には大洲藩、宇和島藩、吉田藩、西条藩、松山藩では藩の専売事業として紙産業の保護・奨励に努めていたが、これらの産地は明治維新により藩の後ろ盾がなくなるとともに衰退傾向となった。これに対して、もともと藩の後ろ盾がなく農家の副業として始まった宇摩地方の紙産業は民間主導で自らが原材料を調達し、製品をつくり、販路を開拓せざるを得なかったために、廃藩置県といういわば規制改革により自由競争の時代に入り、自力を発揮することができるようになったということである。

　第2に技術革新と技術の普及である。例えば、上分の薦田篤平は、先進地から技術者を招いて技術を習得したり、苛性ソーダ等の薬品の使用などの製法の工夫、簀枠など製紙器具の改良などを行い、有益なことは印刷して近隣の同業者に配布して知識・技術の向上に努力した。また、川之江の篠原朔太郎は晒粉の導入や乾燥用に使用する刷毛の改良、化学パルプを和紙に混抄する技術の開発などを行った。後進地域であるが故に伝統的な技

術にとらわれることなく、技術革新と技術の普及が行われ、これらの技術の開発と普及は、生産効率の向上、品質の向上、創業者の増加に貢献した。

　第3に原材料の調達と販路の拡大である。製紙業の増大に伴い原料が不足するようになり、明治初期には薦田篤平らが楮苗を郡内の上山、新立、金田、上分村の農家に配布しその栽培を奨励していたが、その後、楮に加えて、三椏などの原料も使用されるようになり、三島村の石川高雄は、郡内の山間部や徳島県・高知県の山間部で栽培され人力や馬などで運搬されていた三椏の運送費を削減するため、鳥取県から船で下関へ運び、積み替えて香川県の多度津港まで運送し、小船に積み替えて三島へ回漕する経路を開拓した。また、住治平や石崎九真らは、大阪や東京だけでなく、東北や北海道にまで出かけて販路開拓に尽力した。

　こうして宇摩地方の製紙では、薦田篤平、篠原朔太郎らは技術開発を、石川高雄らは原料の確保を、住治平や石崎九真らは製品の販売を、それぞれの分野で努力、協力して、明治時代に発展の基礎を築いた。

　この基礎の上に、大正から昭和にかけて機械化と企業合同が進められた。大正2 (1913) 年に川之江町の薦田順二郎が宇摩製紙を創立し、スウェーデン製の長網式抄紙機を設置したのが宇摩地方の機械抄製紙の始まりとされ、昭和9 (1934) 年には機械抄き和紙の生産額が手漉き和紙を超えた。また、昭和初期の経済不況期から第2次世界大戦にかけて、企業合同が進められた。昭和15 (1940) 年には三島町の井川伊勢吉が西条の丸菱製紙を譲り受け、昭和16 (1941) 年には三島の丸栄製紙、上分の予洲製紙、西条の四国製紙、丸菱製紙の4社を合同させて伊予合同製紙を発足させ、昭和18 (1943) 年には企業整備統制令により伊予合同製紙ほか13社を合同させて大王製紙を誕生させた。さらに同年には三島町では13工場が合同して大西製紙が、数社が合併して伊予製紙が、川之江町では数社が合同して丸井製紙が誕生して、県内の製紙工場は4社に統合された。

　戦後、新聞用紙など洋紙需要の急増に対応して、三島町では大王製紙などが、川之江町では丸井製紙から分離した丸住製紙などが設備投資を行い、洋紙生産を拡大させてきた。昭和46 (1971) 年から平成29 (2017) 年までの

図4-10 四国中央市の製造品出荷額等の推移（1971～2017年）
資料：経済産業省「工業統計」により作成
注：平成15（2003）年までは伊予三島市、川之江市、新宮村、土居町を合計した数値である。

　四国中央市の製造品出荷額等の推移を見ると（図4-10）、昭和46年の1,045億円が平成29年には6,773億円へと、47年間に約6.5倍に増えた。平成29年の製造品出荷額等のうちパルプ・紙・紙加工品製造業が79.4％を占めている。平成29年のパルプ・紙・紙加工品製造品出荷額等5,378億円は全国第1位である。また、平成28（2016）年度の1人当たり市町民所得は、四国中央市が3,369千円で、県平均の2,656千円を上回り、愛媛県内の第1位である。さらに平成29（2017）年度決算（平成27～29年度平均）の財政力指数は0.76で、愛媛県内の第2位である。製紙・紙加工業の発展が四国中央市を経済的に豊かな地域にしてきたと言える。

　このように四国中央市の製紙・紙加工業は、農家の副業として始まり、明治時代以降の先人の努力・工夫により発展してきた。資本主義社会では経済活動の中心は民間企業である。しかし、水がなく、土地がなく、消費地から遠いという条件不利地域である四国中央市で製紙・紙加工業を発展させるためには、民間企業では対応できない社会資本整備の分野で公共による土台づくりが必要であった。

2-2 四国中央市の製紙・紙加工業に関わる主要な社会資本整備

　製紙・紙加工業にとって不利な条件を克服して、四国中央市の製紙・紙加工業が発展するためにさまざまな社会資本整備が行われてきた。以下では銅山川疎水と工業用水、港湾整備と臨海土地造成、鉄道整備と道路整備を取り上げる。

（1）銅山川疎水と工業用水

　安政2（1855）年に宇摩地方が干ばつに見舞われた際、三島などの庄屋が連名で法皇山脈をくり抜いて銅山川から水を引き入れることを代官所に嘆願したことが、銅山川疎水の始まりである。その後も銅山川疎水の計画はあったが、莫大な資金や利害調整などが課題となり実現しなかった。大正3（1914）年には紀伊為一郎らがかんがい用水供給を目的として用水路開設願を、さらに大正5（1916）年にはかんがい区域を追加して追加願を愛媛県に出願した。これを受けて、愛媛県は大正5年に紀伊らの計画をもとに河水引用願を内務省に申請したが、大正6（1917）年に下流の徳島県は分水のために吉野川の水量が減り、流木、舟運、かんがいに支障を来すとの理由で反対と回答した。

　大正13（1924）年の干ばつにより宇摩地方の稲作が減収となったため、再び銅山川疎水への期待が高まる中、大正14（1925）年に高知県営東豊永水力発電所落成式で、愛媛県知事は高知県知事から水力発電により収入が得られることを聞き、同席の徳島県知事からは銅山川疎水事業を県営で行うとすれば分水に反対しないという感触を得て、銅山川疎水事業の県営化の方針を決めた。愛媛県は同年、銅山川疎水事業を県営事業とするため、内務省に分水認可稟請書を提出した。こうして銅山川疎水事業は県主導となったが、もともと紀伊為一郎ら民間の有志が分水事業を先導したことは記憶されるべきことである。[4]

　昭和4（1929）年の干ばつにより宇摩地方は再び減収となったため、愛媛県は疎水事業計画から発電事業を分離して、かんがいのみを事業とする案

を内務省に変更出願したが、昭和5（1930）年に徳島県は分水不承諾を通告した。内務省が調停に乗り出し、昭和5年に笹井愛媛県知事と土居徳島県知事の間で「笹井・土居覚書」が結ばれた。これは、かんがい期の分水量を制限し、吉野川水位低下による潮水逆流防止対策費の補償金を愛媛県が徳島県に出すものであった。しかし、昭和6（1931）年の満州事変により民政党から政友会に政権交代したため、銅山川疎水計画は後退した。

　昭和11（1936）年に内務省は分水裁定案を作成した。この裁定案では、かんがい用水の使途は既存田の補給だけに限定され、開墾田への引水や発電用水は認めないものであった。昭和5年の笹井・土居覚書と比べて愛媛県の計画を大幅に縮小したものであったが、愛媛県はこれを受け入れ、昭和11年に愛媛県と徳島県の間で第1次分水協定が成立した。第1次分水協定は、笹井・土居覚書と比べて愛媛県にとって譲歩する内容であったが、ダム建設という技術革新が起こる前では、愛媛県にとっては分水協定に調印することが事態を前に進める第一歩になったと考えられる。

　昭和12（1937）年に疎水工事が開始されたが、戦争により工事は中止を余儀なくされた。昭和18（1943）年に軍需省から銅山川が電源開発地区に指定され、昭和20（1945）年に愛媛県と徳島県の間で第2次分水協定が調印された。これにより、分水にかんがい水の補給のほか発電が加えられたが、戦時下のため実現されなかった。

　戦後、徳島県より第2次分水協定は戦時下の国策に沿ったものとの異論が出て、折衝が繰り返され、昭和22（1947）年に第3次分水協定が調印されて、洪水調節、発電、かんがい用水の供給を目的とする柳瀬ダムが建設されることになった。柳瀬ダムの工事は愛媛県から委託を受けて建設省が昭和24（1949）年に着手、建設工事は三島工事事務所が金砂第一出張所を開設して担当した。昭和26（1951）年に柳瀬ダム完成前でもかんがい用水の一部を分水可能とする第4次分水協定が成立し、柳瀬ダムは昭和29（1954）年に竣工した。しかし、昭和31（1956）年に分水協定をめぐる解釈の違いから徳島県と愛媛県が対峙する事態となったため、分水協定改定の契機となり、昭和33（1958）年に下流放流量の細分化等を盛り込んだ第5

次分水協定が結ばれた。

　その後、昭和30年代に早明浦ダムを中核とした吉野川総合開発の気運が高まり、四国4県などの審議を経て、昭和42 (1967) 年に吉野川水系における水資源開発基本計画が閣議決定された。これにより、洪水調節、都市用水、かんがい用水の確保、発電を目的とした新宮ダムが昭和50 (1975) 年に、また富郷ダムが平成13 (2001) 年に竣工して、柳瀬ダム、新宮ダム、富郷ダムの3ダムにより銅山川から四国中央市への水の安定的な供給が図

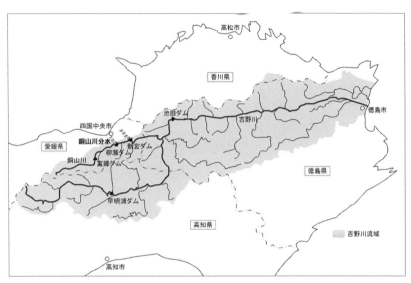

図4-11　四国中央市と銅山川分水

表4-1　銅山川分水量の推移

ダム	年間分水量	分水の用途
柳瀬ダム （昭和29年〜49年）	96.5百万㎥	発電95.9%（上水、工水）、かんがい4.1%
柳瀬ダム＋新宮ダム （昭和50年〜平成12年）	203百万㎥	発電80.3%（工水76.8%、上水3.4%）、かんがい19.7%
柳瀬ダム＋新宮ダム＋富郷ダム（平成13年〜）	263百万㎥	発電84.8%（工水77.2%、上水7.6%）、かんがい15.2%

資料：国土交通省四国地方整備局吉野川ダム統合管理事務所・柳瀬ダム管理支所編「柳瀬ダム50周年記念誌」（2004年）より作成

られるようになった（図4-11）。

　銅山川分水量の推移を見ると（表4-1）、柳瀬ダムだけの時代と比べて、3ダム時代には年間分水量は2.7倍になり、工業用水の供給量や発電能力も増大している。銅山川分水は四国中央市の製紙業にとって水がないという条件を克服させる1つの基盤となった。

　水資源が確保されることにより、製紙業に必要な工業用水が供給されることになった。四国中央市の工業用水道事業は昭和31（1956）年に川之江伊予三島工業用水組合として発足したのが始まりで、川之江伊予三島工業用水組合は昭和42（1967）年に銅山川工業用水道事業に着手し、昭和43（1968）年に銅山川工業用水道企業団に名称変更した。銅山川工業用水道企業団は吉野川総合開発計画の関連事業に参画し、昭和50（1975）年の新宮ダムの完成により毎秒3.28㎥、平成4（1992）年に柳瀬工業用水道事業認可により毎秒2.55㎥、平成13（2001）年には富郷ダムの完成により毎秒1.45㎥の水利権を確保した。[5]

　これにより、四国中央市の工業用水事業は銅山川工業用水道事業と富郷工業用水道事業の2系統となった。水源は銅山川工業用水道事業が新宮ダムと柳瀬ダムであり、富郷ダム工業用水道事業が富郷ダムである。取水量は、銅山川工業用水道事業の新宮水系が283,000㎥／日、柳瀬水系が220,300㎥／日、富郷工業用水道事業が128,000㎥／日である。給水対象工場は、銅山川工業用水道事業の新宮水系が34工場、柳瀬水系が20工場、富郷工業用水道事業が27工場で、四国中央市の基幹産業である紙・パルプ業等への供給が主となっている。[6]

（2）港湾整備と臨海土地造成

　現在の三島・川之江港は、もともと三島港と川之江港の2つの港であった。
　三島港は、明治・大正期には水深が浅かったため、船舶は港内に入港できず、沖合に停船して、はしけで貨物の積み卸しをする状態であった。明治後期以降に三島紡績所や三島火力発電所が創業したのに伴い原綿、原糸、石炭、鉱石等の貨物量が増大したが、三島港は江戸時代のままの港湾施設

であったため、整備の必要に迫られていた。大正15（1926）年から三島港改築工事が開始され、第1期工事（大正15～昭和4年）では防波堤工事等が、第2期工事（昭和5～6年）では港内の浚渫、埋め立て、荷揚場、護岸、桟橋の整備が行われ、昭和6（1931）年の港湾改修完成後には定期船が桟橋に直接接岸できるようになった。防波堤工事等により、三島港の年間出入貨物量は、大正14（1925）年度から昭和4（1929）年度にかけて77,700トンから143,500トンへ約2倍となった。[7]

　戦後、洋紙の生産が増加するのに伴い海上貨物が増加し、港湾改修が必要になった。伊予三島市は昭和29（1954）年に市制を施行したのに伴い、新市の基本方針の一つとして、製紙工業の将来の発展等も勘案して港湾整備を掲げ、積極的に港湾施設の改修整備事業を実施し、昭和32（1957）年に西埠頭と物揚場を、昭和35（1960）年には東埠頭と物揚場を完成させた。紙の原料となる原木、木材チップは昭和41（1966）年頃までは国内資源で賄われていたが、紙の需要の増大に伴い原木、木材チップを外材に依存せざるを得なくなり、昭和41～43（1966～1968）年に大型外航船が入港できる施設整備が行われ、臨海の造成地に進出した大王製紙では輸送船から製紙原料を直接工場に搬入できるようになった。大王製紙は昭和42（1967）年にチップ専用船大王丸を北米に就航させ、昭和44（1969）年には愛媛丸、昭和46（1971）年には大海丸を就航させた。しかし、当時、三島港は開港の指定を受けておらず、開港であった新居浜港で手続きを済ませてから三島港に回航するという経路をとらざるを得なかった。このため、三島港の開港指定に向けた官民の働きかけが行われ、三島港は昭和44（1969）年に開港の指定を受けることになった。

　川之江港でも、明治・大正期には船舶は港内に接岸できず、突堤の外に停泊して、はしけで荷の積み卸しをする状態であった。このため、昭和3（1928）年に川之江町が川之江港修築工事を起工し、東・西防波堤、内港護岸の築造、浚渫、埋め立て等を行い、昭和7（1932）年に竣工した。戦後、昭和29（1954）年に発足した川之江市は、新市建設の基本方針で、道路港湾を整備し、銅山川疎水による電力と水を利用して工場の増設を図ること

などを掲げ、港湾については港湾用地の造成と港内の浚渫により船舶の接岸と荷役作業を容易にするため、昭和33（1958）年に川之江港の改修工事を開始し、東埠頭と荷揚場を整備して昭和36（1961）年に竣工した。さらに昭和39（1964）年に東予地区が新産業都市の指定を受けたのに伴い、川之江市は大江海岸で臨海土地造成と産業関連港湾の建設に着手し、昭和42（1967）年に新川之江港が完成した。新川之江港には丸住製紙がチップヤードを設置し、同年に北米よりチップ専用船丸住丸が入港することになった。

　このように三島港と川之江港は別個に整備が進められてきたが、港湾活動の活発化や船舶の大型化に対応して、両港を一体化して一層の発展を図るため、昭和45（1970）年に三島港と川之江港が合併して三島・川之江港となり、昭和46（1971）年に三島・川之江港は重要港湾に指定された。その後、金子地区で国際物流ターミナルの整備が行われたり、三島・川之江港が平成18（2006）年に総合静脈物流拠点港（リサイクルポート）の指定を受けるなどして、三島・川之江港は製紙業の原料の搬入や製品の搬出に重要な役割を果たすことになった。

　三島・川之江港では、外貿コンテナ航路として釜山、上海との間に、内貿コンテナ航路として神戸、那覇、呉、新居浜、水島、高松との間に、内航RORO船航路として千葉、堺泉北、宇野との間にそれぞれ定期航路が開設されている。平成29（2017）年の国土交通省「港湾統計」によると、三島・川之江港の木材チップ輸入は3,987千トンで全国第1位であり、コンテナ個数は107,140TEU（輸出38,793TEU、輸入41,014TEU、移出14,257TEU、移入13,076TEU）で四国第1位となっている（図4−12）。

　一方、三島・川之江港では、昭和45（1970）年の台風10号により海底の汚泥が攪拌され魚介類が大量にへい死する事態が起こり、それへの対策と土地不足に対応するため、海底に沈殿堆積した汚泥を吸い上げ、土砂と混合して埋め立てる工事が行われることになった。昭和47（1972）年に策定された三島・川之江港第一次港湾整備計画（目標年次：昭和55年）では、大規模な埋め立てと工業用地の造成が盛り込まれ、これ以降、三島・川之江地区では港湾整備と合わせて大規模埋め立てによる工業用地造成が行わ

れるようになった。

　四国中央市は海と山が近接する狭隘な地形のため、工業用地を確保しにくい条件下にあるが、製紙工場から排出される産廃を市が埋め立てて工業用地を造成し、その工業用地を製紙会社が購入して、工業用地分譲の代金は再び市の土地造成の資金となるという好循環が形成されて、製紙業の工場敷地が確保されることになった。四国中央市の主な臨海土地造成事業の造成面積は340haに及ぶ（表4-2、図4-13）。

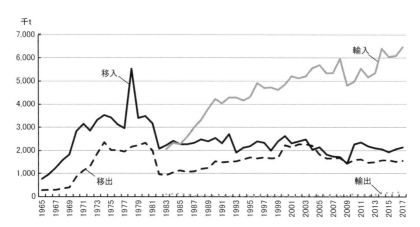

図4-12 三島・川之江港の海上出入貨物数量の推移（1965～2017年）
資料：国土交通省「港湾統計」より作成
注：1965～1972年は三島港と川之江港の合計である。

表4-2 四国中央市の主な臨海土地造成事業

	地区名	事業年度	造成面積
川之江エリア	大江埋立	昭和42～58年度	60ha
	浜地区	昭和56～平成4年度	19ha
	東部	平成2～16年度	28ha
	西部	平成12～29年度	29ha
三島エリア	村松地区	昭和42～63年度	80ha
	寒川地区	昭和53～58年度	31ha
	中之庄地区	昭和61～平成10年度	46ha
	金子	平成6～22年度	28ha
	寒川東部	平成14～26年度	19ha

資料：四国中央市編「四国中央市工業振興ビジョン」88頁

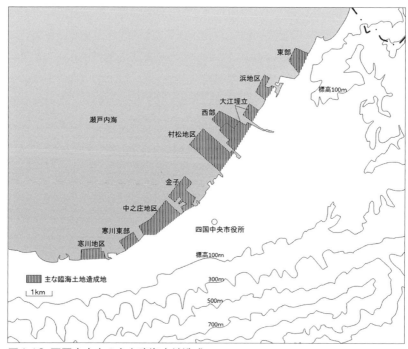

図4-13 四国中央市の主な臨海土地造成

（3）鉄道整備と道路整備

　四国の国有鉄道は、讃岐鉄道を買収した山陽鉄道会社を明治39（1906）年に政府が買収して高松〜琴平間を営業したのが始まりであるが、その後、明治44（1911）年に衆議院で多度津〜松山間の鉄道敷設に関する建議案が可決され、明治45（1912）年に鉄道院は多度津建設事務所を設置し、讃岐線を西に延長することにした。大正2（1913）年に多度津〜観音寺間が、大正5（1916）年に観音寺〜川之江間が開通した。これが四国で初めての官設鉄道であった（図4-14）。さらに、大正6（1917）年に川之江〜伊予三島間が開通、大正8（1919）年に伊予三島〜伊予土居間が開通するなどして、昭和2（1927）年には松山まで開通した。道路が未整備のため、交通・運輸手段の多くを海上に求めていた宇摩地方では、鉄道敷設が陸上交通を飛躍的に発達させ、鉄道の西進に伴い沿岸航路は廃止され、次第に鉄道にとっ

図4-14 大正時代の国有鉄道の開通状況

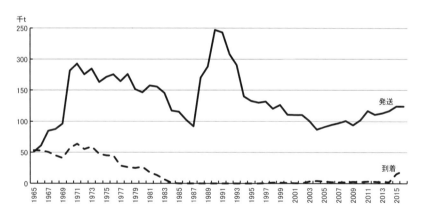

図4-15 伊予三島駅の貨物輸送の推移 （1965～2016年）
資料：愛媛県統計年鑑（原資料は国鉄・JR資料）より作成

て代わられた。

　戦後も国鉄は重要な交通・運輸手段として機能し、昭和45（1970）年に
は伊予三島市の大王製紙に専用貨物線が新設された。伊予三島駅の貨物取
扱量の推移を見ると、大王製紙の専用貨物線が新設された昭和45年には
発送貨物量が急増したことが分かる（図4-15）。当時、伊予三島駅から発

着する貨物は、トン数では国鉄四国総局管内でも上位で、貨物収入では第1位となっていた。その到着貨物量は、パルプ用材を主とする林産品と紙・パルプを主とする繊維工業・化学工業品で90％以上を占め、発送貨物量の99％以上は繊維工業品（紙）であった。[8]

　その後、昭和47（1972）年以降、伊予三島駅の貨物輸送は漸減し、昭和57（1982）年には伊予三島駅では専用貨物線を除く車扱貨物の取扱を廃止した。しかし、昭和63（1988）年に伊予三島駅はコンテナ貨物の取扱を開始し、同年の本四備讃線の開通により本州方面への紙のコンテナ輸送が可能となったため、発送量が平成2（1990）年にかけて急増した。その後、鉄道による貨物輸送は減少し、前述の港湾整備とともに道路整備が重視されることになった。

　四国中央市を東西に通る現在の国道11号は、昔、讃岐街道（金刀比羅街道）と呼ばれ、明治18（1885）年に国道31号線、大正9（1920）年には国道24号線と称されるようになった。川之江では、明治時代に国道の改修が行われ、戦前から戦後にかけて金生川付け替えに伴う国道の改修も行われたが、四国中央市で道路整備が本格的に行われるようになるのは戦後であった。建設省は、昭和25（1950）年に西条市にあった愛媛国道事務所を三島町に移設し、三島国道事務所と改称して昭和37（1962）年まで設置して、伊予三島・川之江地域の国道11号の改良を集中的に行い、昭和40（1965）年に国道11号の一次改築を完了した。伊予三島・川之江地域は昭和39（1964）年に東予新産業都市の区域として指定を受けたが、同年に愛媛県が策定した東予地区新産業都市建設基本計画では、新産業都市の基幹道路として国道11号等の整備を図ることが示されていた。[9]

　また、昭和47（1972）年度からは国道11号の二次改築として川之江・三島バイパスに事業着手し、昭和60（1985）年に四国初の高速道路が三島川之江IC～土居ICで開通した時に、それに合わせて川之江・三島バイパスが部分供用され、現在も全線供用に向けて整備中である（図4−16）。この川之江・三島バイパスの目的の1つは、三島・川之江港と松山自動車道三島川之江ICとのアクセス向上により、製紙・紙加工業を中心とした物流効

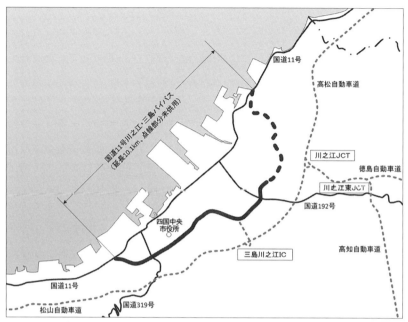

図4-16 国道11号川之江・三島バイパス

率化と港湾事業への支援を図ることである。現状では、三島・川之江港と
三島川之江IC間の道路で、港湾を利用する大型車と通過交通や生活交通
が混在するため、慢性的な交通混雑が生じており、これを改善するため川
之江・三島バイパスが整備されている。

　四国で初めて高速道路が開通したのは、前述のとおり昭和60（1985）年
の三島川之江IC～土居IC間11kmであり、昭和63（1988）年に瀬戸大橋が
開通した時には三島川之江IC～善通寺IC間38.6kmが開通するなどしてお
り、四国の中では四国中央市は早くから高速道路の整備が進められてきた
地域である。市内には四国縦貫自動車道と四国横断自動車道が交わるJCT
を有しており、現在進められている四国の高速道路ネットワーク「四国8
の字ネットワーク」形成の中心的な地域となっている。

2-3 公共投資を地域づくりに活かす

四国中央市では、大正時代に国有鉄道が整備され、昭和初期には三島港と川之江港が整備され、戦後になると、昭和29（1954）年の柳瀬ダム完成により銅山川疎水を通じて工業用水や電力が供給され、昭和39（1964）年の東予新産業都市の指定後は国や県等も支援して港湾整備、臨海土地造成、鉄道整備、道路整備などの社会資本整備が集中的、計画的に行われてきた。さらに昭和50（1975）年の新宮ダムの完成、昭和60（1985）年の四国初の高速道路三島川之江IC～土居IC間の開通、平成13（2001）年の富郷ダムの完成などさまざまな社会資本整備が進められてきた。これらの社会資本整備は、水がなく、土地がなく、消費地から遠いという製紙・紙加工業にとっての不利な条件を克服し、製紙・紙加工業を中心とした四国中央市の地域づくりを進めてきた。

四国中央市の事例から、公共投資を活かした地域の発展にとって重要なこととして以下の3点があげられる。

第1に、公共投資による社会資本のストック効果を総合的に活用することである。社会資本整備によるストック効果は、河川、道路、港湾、鉄道、空港、電力等さまざまな事業が組み合わされ、さらにそれを活かすための土地利用の高度化や産業振興等の取り組みが行われて総合的に発揮されるものである。このため、河川、道路、港湾、鉄道等の分野ごとに社会資本整備と地域の関わりを考えるのではなく、さまざまな分野の社会資本整備を組み合わせて、総合的に地域の発展のために活用するという視点を重視する必要がある。四国中央市でも、大正時代には鉄道整備が重視され、昭和初期には港湾整備や銅山川疎水が、今日では港湾整備や臨海土地造成、水資源開発に加えて道路整備などが重視されるというように、時代とともに社会資本整備に対する要求も変化してきている。こうした時代の変化や技術革新などに対応しつつ、さまざまな分野の社会資本整備の効果を総合的に地域の発展に活かす取り組みが求められる。

第2に、目標を定めて公共投資を計画的に進めることである。伊予三島

市と川之江市は、昭和29（1954）年の市発足時にそれぞれに製紙・紙加工業を活かした地域づくりを進めていくという決断をして、その目標に向かって社会資本整備を計画的に進めてきた。その背後には、民間の製紙会社等が事業拡張を計画し、そのための水源確保や工業用地の確保、港湾整備、道路整備等を公的機関に要求してきたという事情もある。また、昭和39（1964）年に伊予三島市と川之江市を含む東予地区が新産業都市に指定されて以来、国、県による社会資本整備も集中的、計画的に行われてきたため、東予新産業都市の指定が国、県による集中的な社会資本整備を促し、地域の発展の機会を与えたとも言える。その時々の問題を解決するための社会資本整備とは異なり、製紙・紙加工業を活かした地域づくりという目標を定めて、その目標に向かって社会資本整備が計画的に進められることにより、官民一体となって公共投資を活かした地域の発展が実現されることになる。

　第3に、公共投資を地域の人々が主体的に地域づくりに活かすことである。四国中央市の発展の1つの契機となった銅山川疎水事業は、もともと幕末の干ばつ時に庄屋らが代官所に嘆願したことが始まりであり、その後明治から大正期には民間の事業として進められたが、徳島県が分水に反対したこともあり、大正14（1925）年に愛媛県が県営事業として進めることとし、戦後は柳瀬ダム、新宮ダム、富郷ダムの建設などを通じて国が中心的な役割を果たすことになった。もともと地元に銅山川からの分水を望む民間の要求があったため、公共が整備した疎水は有効に活用されることになった。また、製紙会社の工場用地確保という要求に応えて、市が臨海土地造成を行うことにより、製紙会社は工場用地を確保して生産を拡大することができ、市は工業生産の拡大を通じて経済力を向上させることができた。公共投資が地域の発展に結びつくためには、地方自治体や製紙会社、地域の住民等の主体性やビジョンが基礎にあることが前提であり、それを公共が社会資本整備で支援することによって実現されることになる。

3. 公共投資への国民の支持

　公共投資による社会資本整備を基礎として国の発展を実現させるためには、公共投資の主体が国民から信頼されて、公共投資により社会資本整備を進めたいという推進主体の考え方が国民から支持される必要がある。公共投資の主体が国民から信頼されて、その考え方が国民の支持を得る上では、以下の3つのことが重要であると考えられる。

①公共投資で暮らしが豊かになってきた実績
②社会資本を通じた行政と住民の関わり
③将来のための公共投資への理解

3-1 公共投資で暮らしが豊かになってきた実績

(1) 過程を示す必要性

　日本全体の公共投資何兆円でGDPが何兆円になるとか、個別の公共事業のB／Cがいくらになるなどという表現方法で、国民が公共投資による暮らしの豊かさを実感できるようになるとは考えられない。数字の意味と限界を理解している専門家や行政などの間では、数字は手っ取り早く会話をすることができる共通の言語として有効な手段になると考えられるが、一般の国民に対しては配慮が必要である。国民が公共投資で暮らしが豊かになってきたことを実感できるためには、日本全体の話や自分が住んでいる所から離れた地域の話ではなく、それぞれの地域で行われてきた公共投資が人々の暮らしを豊かにしてきた過程を示すことが重要である。

　公共投資が人々の暮らしを豊かにするまでには通常長い期間を要する。現在の社会基盤は過去からの投資の積み重ねにより成り立っているが、直近の公共投資を取り上げるとしても、投資から効果発現までには長期間を要する。その期間は大きく事業開始前、事業実施中、事業完了後の3つに分かれ、それぞれの期間ごとに中心的な役割を担う主体が変わる。

　事業開始前には、まず地域の人々や地方自治体が中心的な役割を果たす。

通常は、地域の人々が河川堤防、道路、鉄道等の社会資本を整備してほしいと要望し、その要望を地方自治体や議会、経済界等が取り上げて政治家にも働きかけて政府に申請、陳情して公共投資が検討されることになる。国や地方自治体が進める構想や計画に基づいて公共投資の検討が行われることもあるが、その場合でも国の構想や計画は地域の人々の要望が基礎になっている。事業実施に当たっては、ダム建設に賛成する人と反対する人が対立して地域が分断されたり、道路建設や鉄道敷設のルートをめぐって地域間の争いが起こったり、政争の具となることもあるが、地元の行政や政治家等が調整したり、専門学者の意見等をもとに判断が行われ、事前準備が進められて、事業実施に至ることになる。

　事業実施中は、事業主体や工事関係者等が中心的な役割を果たすことになるが、地権者や利害関係者との交渉など地元対策では地元の自治体や政治家等も重要な役割を果たす。事業が着手されても、地権者との用地交渉や利害関係者との補償交渉等が難航したり、景気後退や緊縮財政により計画していた予算が確保されなかったり、政府の方針の変更や選挙による首長の交代などにより、事業の中断・遅延、事業期間の長期化、事業内容の変更が起こることもある。また、事業中に災害や事故が起こり犠牲者が出て事業の見直しが行われたり、時代の要請により事業途中で環境問題への対応や耐震性の強化など当初計画にはなかったことが求められることもある。こうしたさまざまな困難を乗り越えて事業主体や工事関係者等は事業を完成させることになるが、事業の完成には地元の人々や地方自治体等による支援や協力も大きな力となる。

　事業完了後には、完成記念式などが行われ、人々は感謝して関係者の労苦を讃える。かつては鉄道や道路、橋の開通などを祝して、人々が提灯行列で練り歩き、餅を撒き、踊り、余興を楽しむことなどもあった。それほど人々が事業の完成を切望していたということである。事業が完了して事業目的に見合った直接的な効果が発揮されることによって事業主体や工事関係者等の仕事はいったん終わるが、地域の人々や地元自治体にとってはそれからが本番である。地域の人々や地元自治体が中心となって、完成し

た社会資本を地域づくりに活かし、住民生活を向上させ、産業経済活動を活性化させるための取り組みが行われることになる。事業実施後も景気変動や政府の方針の変更、時代の変化等により地域の取り組みもさまざまな困難に見舞われることになるが、それを乗り越えて公共投資でつくられた社会資本を地域づくりにうまく活かすことができた地域では、暮らしが豊かになったと人々が実感できることになる。

しかし、事業完了後、時が経つにつれて、さまざまな人々が関わって行われてきた公共投資や暮らしを豊かにするための取り組みは当たり前であるかのように考えられ、過去から積み上げてきた社会資本が今日の人々の生活を築く上での基礎となっていることが忘れ去られがちになる。このため、公共投資が人々の暮らしを豊かにしてきた過程を記録としてとりまとめ、地域の住民に伝えていくことが必要である。

なお、事業主体によって事業が行われたとしても、その事業を活かした地域の取り組みが行われなければ、人々は立派な構造物ができたことは認識できるとしても、自分たちの暮らしが豊かになってきたことを実感することはできない。公共投資によってつくられた社会資本が地域で十分に活かされてこなかった面もあり、そのことが無駄な公共事業と批判される一因になったと考えられる。

（2）過程に関する情報の収集

公共投資が人々の暮らしを豊かにしてきた過程を整理した文献資料は意外に少ない。そのような文献資料が行政や専門家等によって作成されている場合でも、資料の作成時期によって考察対象の期間は限定されているので、例えば昭和時代に作成された資料であれば平成時代以降の情報は掲載されていない。このため、それぞれの地域で公共投資が人々の暮らしを豊かにしてきた過程を記録として残すためには、多くの場合、関連するさまざまな情報を収集する必要がある。

情報源としては以下のものが考えられる。

①事業主体等が作成する工事史・事業誌・記念誌

　事業主体や工事関係者が作成する工事史・事業誌・記念誌では、個々の事業について、事業がどのような経緯で行われたか、調査・計画・用地・設計・施工等の各段階でどのような経過があったか、どのような苦労があったか、どのように困難に対応したか、どのような効果が確認できるか等の情報を得ることができる。ただし、1990年代中頃から公共事業批判等を背景として、建設省（国土交通省）等では工事史、事業誌、記念誌等をつくらなくなってきたため、他の方法で情報を収集する必要がある。

②地方自治体等が作成する市町村史・郷土史・土木史

　地方自治体等が作成する市町村史・郷土史・土木史では、市町村や県等の長期にわたる歴史の中で、どのような公共投資が行われてきたのか、事業化に至るまでに地域がどのような働きかけをしたのか、事業の実施に地域がどのように支援・協力したのか、事業の実施を活かすために地域はどのような取り組みをしたのか、事業によって地域がどのように変わったのか、地域側から見て事業をどのように評価するのか等の情報を得ることができる。

③教育委員会等が作成する小学校等の社会科や総合学習の副読本

　教育委員会等が作成する小学校等の社会科や総合学習の副読本では、郷土を学習する中で、先人がいかに努力して地域を築いてきたか、堤防やため池の築造、用水路の開設、道の改修、干拓などの土木事業がどのように行われ、人々の暮らしにどのように役立ってきたのかという情報を得ることができる。児童・生徒が郷土に関心を持ち、地域の偉人に誇りを抱くことができるように、教育委員会や小学校の先生等によって分かりやすく情報が整理されていることが多い。

④雑誌、その他文献等

　地方史家等による史談会雑誌、専門家による学術論文、その他文献、地形図等からも、公共投資と地域の暮らしの関わりに関する情報を得ること

ができる。地方史家の論文等の中には、独自の調査に基づき貴重な情報を
提供するものもある。また、地域住民がとりまとめた冊子の中には、当時
のことを知る人が、事業に地域の人々がどう関わったのか、事業実施前後
に地域の様子がどう変わったのか、それを見てどう感じたのかなどを詳細
に語っているものもあり、公共投資と地域の暮らしの関わりを具体的に知
る上で役に立つ。

⑤国や県等の事業主体のインターネット情報

　国や県等の事業主体ではインターネットで社会資本整備に関する情報を
提供している。ただし、時間の経過とともに情報が更新されて、古い情報
が削除されることがあるので注意が必要である。

⑥社会資本に関する記念碑・頌徳碑

　社会資本に関する記念碑や頌徳碑等が建立されていることもある。碑文
には、この地域がどれほど苦労した地域であったか、河川改修や道路整備
などの社会資本整備がどのような経緯・経過で行われ、その実現によって
地域にどれほど喜びと希望を与えたかなどが記され、その上で地域の人々
が協力して碑を建立したことや、構造物の建設に功績のあった人物を讃え
て後世の人々が建立したことなどが刻まれている。

　このほか、当時のことを知る人から、公共投資と地域の関わりに関する情
報を聴くことは、収集した情報の内容を補足したり、理解する上で役立つ。
ただし、人の記憶には、時間や場所など詳細な情報について曖昧なことも
あるので、公的機関が提供している資料等で整合性を確認する必要がある。

(3) 収集した情報の整理と活用

　収集した公共投資と地域の関わりに関する情報をそのまま提供しても、
人々は公共投資によって自分たちの暮らしが豊かになってきたことを実感
することは難しい。工事史・事業誌は事業主体によって作成され、市町村史・

郷土史は地方自治体等によって作成されるなど、各資料はそれぞれの作成主体の立場でまとめられており、しかも事業主体と地方自治体では事業実施前、事業実施中、事業完了後の役割に違いがある。このため、公共投資が暮らしを豊かにしてきた過程を分かりやすく示すためには、収集した情報を整理してとりまとめる作業が必要になる。

情報の整理と活用に当たっては、以下の3点が重要である。

第1に、事業主体からの情報だけでなく、事業により便益を享受する地域側の情報も踏まえて情報を整理することである。事業主体の情報により事業の経緯・経過、事業主体としての効果等を把握することができるが、地域の人々が事業の推進にどのように対応し、事業後にどのように評価したのかなど地域側の情報については地方自治体や住民等からの情報に頼る必要がある。このため、公共投資が暮らしを豊かにしてきた過程を整理する際には、事業主体等が作成する工事史・事業誌等の情報だけでなく、地方自治体等が作成する市町村史・郷土史、教育委員会等が作成する副読本、地域住民等が作成する資料などの情報をもとに総合的に整理していくことが重要である。また、事業主体が作成する資料では、行政用語や専門用語が用いられることが多いため、一般の人からすると理解しにくいこともあるが、より地域の住民に近い目線で作成された資料をも活用することにより、とりまとめが一般の人に理解されやすくなることが期待できる。

第2に、社会資本が地域の発展に貢献してきたプロセスを明らかにすることである。公共投資と地域の発展との関わりについて、費用対効果に基づく数値だけで表現されることがあるが、それでは公共投資を行い、それを地域の発展につなげようとしてきた人々の努力を無視することになりかねない。数字の裏には、公共投資によって整備された社会資本が長期間にわたって住民生活の向上や経済・産業活動の向上を継続的にもたらして、それを地域の人々が地域づくりに有効に活用して地域の発展につなげてきたというプロセスがある。収集した情報をもとに、このプロセスを明らかにすることが重要である。公共投資がどのように行われ、それによって地域がどう変わってきたのか、人々の暮らしがどのように豊かになってきた

のかを整理し、関連する構造物や石碑等を調べて、地図や写真等も掲載して、一般の人々に分かりやすい、いわば大人のための郷土学習の副読本をつくることが重要である。

第3に、さまざまな人が関わり、郷土学習の輪を広げることである。大人のための郷土学習副読本づくりには、事業主体の行政やその関係者だけでなく、公共投資や地域づくりについて一定の見識を有する郷土史家、学校の先生、住民等ができるだけ関わりを持つことが重要である。この過程で、資料の収集や整理、会合での議論等を通じて、副読本の作成に関係する人々も今まで以上に公共投資と地域の関わりについて理解を深めるものと考えられるが、副読本ができたら、地域の行政機関や学校、図書館、公民館に配布するだけでなく、行政や住民等が積極的に郷土学習の輪を広げていくことが重要である。行政や学校等が郷土学習講座を開催したり、地域の構造物や石碑等を訪ねながら郷土の歴史を学ぶ現地見学会等のイベントを催すなどが考えられる。その際に、副読本づくりに携わった行政関係者や郷土史家、学校の先生、住民等が講師や案内者の役割を果たすことにより、公共投資と暮らしの豊かさについての人々の理解と共感が高まるものと考えられる。

3-2 社会資本を通じた行政と住民の関わり

(1) 公共投資の主体と住民の関わり

1990年代以降、マスコミ等を通じた公共事業批判が行われる中で、公共投資の主たる推進主体である行政に対する国民の信頼は低下してきた。公共事業批判のきっかけは、公共事業をめぐる政官財の利権構造、公共投資の増大による国・地方自治体の財政悪化、公共事業による自然破壊などであったが、根本的には世のため人のために行われるはずの公共投資が、政治家や官僚などの個人の利益のために、あるいは役所という組織やその取り巻きグループを維持・拡大するために行われてきたのではないかという疑念が国民の間に強まってきたためと考えられる。

　もともと川づくりでも道づくりでも地域住民が主体的に関わっていたが、明治以降、国が制度を整え公共投資により社会資本整備を推進する過程で、行政組織が肥大化するとともに、それぞれの分野に関係する役所・企業・大学・調査研究機関等で構成するグループも拡大し、専門的なことは専門家に任せなさいと言って、地域の住民を排除してきた歴史がある。この過程で、当初は国づくりのために行われていた公共投資が、行政やそのグループの維持・拡大のために行われるようになった面もあり、公共投資への国民の支持を減退させる一因となってきた。

　行政やそのグループとしては、住民との関わりを持たずに行政などだけで仕事をする方がやりやすい面もあるかも知れないが、住民からすると、自らが関わっていないことについては行政に文句を言いやすくなる。このため、行政は住民から文句を言われないように、先回りして対策を講じたり、逃げ道を探すなどして、ますます行政と住民の間の距離が離れていくことになる。こうして公共投資をめぐって行政と住民が対立する状況も生まれ、それをマスコミが報道することによって、1990年代以降公共事業への批判が強まってきた。

　このため、今日では、行政が河川整備や道路整備の計画づくりなどに際して、パブリックコメントを募集したり、公聴会等を通じて住民の意見を聴く場を設けたり、川や道の清掃・植栽活動などへの住民参加が行われるなどしているが、その際、行政が自分の守備範囲を囲い込んだり、住民を客体として扱うことは、行政と住民の対立を招くことになりかねない。公共投資を地域づくり、国づくりに活かすためには、行政とその取り巻きグループだけで閉じることなく、住民の力を活かすことが大事である。

　しかし、現実には行政が作成する公共投資の計画や事業実施には専門的で高度な知識や技術が必要な面もあり、住民が理解したり、関わりを持つことに困難を伴う面もある。このため、前述のとおり公共投資で暮らしが豊かになってきたという過去の実績を示すとともに、公共投資によって将来に発展の可能性が開かれるという見通しを示すなどして、行政が住民の信頼を得た上で、行政が主導的な役割を果たす必要がある。その際、地域

のことは行政よりも地域の住民の方がより多くのことを知っており、しかも地域のために貢献したいと考えている人も多くいるため、それらの人々の力を発揮することができる機会を見つけ出して、公共投資により整備される社会資本を地域づくりに結びつけていく上で住民の知恵や意欲を活用することが重要であると考えられる。

(2) 社会資本の見守りに地域住民の力を活かす

　建設省（国土交通省）では昭和20年代前半から河川管理や治水計画、防災監視等のために、各地域の観測地点近くの信頼できる人々に水文観測を委嘱して、毎日一定の時間に、一定の場所で、河川の水位や雨量、地下水位等を観測してきた。これらの水文観測の結果は、防災対策に活用されるとともに、各河川での治水計画を立てる際の基礎資料とされてきた。水文観測員制度は、水文観測機器の精度の向上や電子情報配信化等を背景として、機械化する議論が行われ、平成15(2003)年12月末をもって廃止された。

　水文観測員に関する記録は各地で作成されているようであるが、このうち国土交通省四国地方整備局編「四国水文観測体験集」[10]には183話が掲載されている。これを読むと、水文観測を始めたきっかけ、毎日定時に観測することの大変さ、台風や大雨の時の苦労話、観測していて嬉しかったことなどが記されており、この中から社会資本を通じた行政と住民の関わりを考える上で重要なことを読み取ることができる。筆者なりの要点を整理すると、以下の8点である。

1) 水文観測員は毎日責任感を持って観測していた

　荒天時を含めて毎日観測することは容易なことではないが、観測員は観測時間の5分前には必ず観測場所に行くとか、観測の時間を気にしながら生活するとか、観測があるために旅行に行くのを遠慮するなど、責任感を持って観測していた。

2) 水文観測員は観測に誇りや生きがいを感じていた

　観測員は毎日の観測を通じて、地域に貢献することに喜びを感じたり、自分の観測が世の中のために役立っていることに誇りや生きがいを感じて

観測を続けていた。

3) 水文観測は川や水への関心を高めていた

　観測を始めるまでは川や水に特別関心のなかった人も、観測を始めてから雨の降り方や雨音を聞いて雨量が分かるようになったり、水位を測るのを楽しみにしたり、川の汚れに関心を持つようになっていた。また、小中学校で水文観測を行っている場合には、水文観測をしている生徒は気象への関心が高いという先生の指摘もあった。観測は人を川や水に近づける役割を果たしていたことが分かる。

4) 水文観測は健康の維持や規則正しい生活に役立っていた

　観測は基本的に毎日定時に行われるため、観測員には毎日の規則正しい生活が求められた。また、水位観測などでは川への階段を上り下りする必要があることもあり、それによって足腰が鍛えられ、健康増進にもなっていた。

5) 水文観測は家族、親戚ぐるみで行われていた

　観測員が出かけなければならない時には、家族や親戚、近所の人などに観測を頼んでいる場合が多かった。観測がいろいろな人の協力のもとで行われていたということであり、観測を通じて川や水への関心の輪が広がっていたとも言える。

6) 報酬は家計の助けにもなっていた

　観測員には観測作業に応じて報酬が支払われていた。そのお金は毎月の家計に役立てられたり、学資や農機具の購入などにも活用されていた。経済的な利益が観測員の張り合いになるとともに、お金をもらっている以上は責任を果たさなくてはという気持ちにもつながっていた。

7) 水文観測で蓄積された知識や経験が地域に役立っていた

　観測員には、長年の観測の経験に加えて、雨量、水位、天気、気温、風向、風力など地域の気象情報が蓄積された。このため、地域の人々が観測員に気象情報について問い合わせるなどして、観測員の経験や知識が地域で活かされていた。

8) 人による観測には機械にはできない大切なものがある

　人による観測には経験則に基づく勘や、川への思いを人に伝えることなど、機械には真似ができない大切なものがある。また、観測による知識や経験をもとに、自主防災組織づくりや地域のボランティア組織づくりなどに関わっている人もおり、住民の主体性の大事さを伝えている。

　水文観測を人の手から機械に置き換えた理由は経済効率性や確実性の向上であるが、人による水文観測の場合には、ただ単に観測データの記録を採るというだけではなく、観測員が川や水への関心を高めて、観測で得た情報や知識を地域のために活用していたことに加えて、観測員自身が世のため人のために役立っていることに誇りや生きがいを感じたり、規則正しい生活習慣により健康づくりにも役立っているという面もあった。こうした水文観測員の良い面を、社会資本を通じた行政と住民の関わりの中で活かすことが重要であると考えられる。

　例えば、地域の社会資本を見守るために地域住民の力を活かす「社会資本観察員」の設置が考えられる。高度に専門的な知識や技能を要する分野については行政が担わざるを得ないが、住民にも身近なところにある河川、道路等の社会資本を日常的に見守り、異常時に行政に連絡したり、改善点を提案してもらうなどの協力を依頼するということである。地域のことは行政よりも地域の住民の方がより多くのことを知っており、しかも地域のために貢献したいと考えている人も多くいるため、住民の知恵や意欲を活用することは社会資本と地域づくりをより一層結びつけていくことにもなると考えられる。

3-3 将来のための公共投資への理解

（1）建設公債は将来への投資

　戦前、戦費調達のために公債が発行されて、財政規律が失われたため、戦後は公債発行による財政資金の調達が禁止されていた。しかし、昭和40（1965）年度に政府はドッジライン以来の均衡財政の考えから脱して建設公債を発行し、昭和50（1975）年度からは特例公債（赤字公債）も発行される

ようになった。財政法では公債発行を原則として禁止しているが、公共事業のための建設公債の発行は認めており、特例公債は歳入を補填するためにその都度特例法を成立させて発行している。

　平成2（1990）年頃からGDPが伸び悩むとともに、税収が横ばいから減少傾向となる中で、歳出総額の増加に対応するため、公債発行が増加した。公債の発行は、1990年代前半には建設公債が主で、1990年代後半以降は主に特例公債が増加することになった。

　建設公債も特例公債も将来時点の国民の税負担によって償還されるが、建設公債が社会資本の整備資金を調達するために発行されるのに対して、特例公債は財政の経常的支出を賄うために発行されるという違いがある。特例公債は現在世代の支出のつけを後世に回すことになるのに対して、建設公債は整備された社会資本が産業基盤や生活基盤として将来の世代にも便益が及ぶため、社会資本の整備費は便益が及ぶ世代間で分担して負担している。このため、建設公債による社会資本の整備が将来世代の納税に相応しい便益を賦与することができれば、将来世代の負担にはならない。

　国と地方の債務残高は1,100兆円を超え、さらに人口減少、少子高齢化に向かう中で、公債を発行してまで公共投資を行えば、財政は破綻し、子孫に負担を残すことになる、という考え方がマスコミを通じて世の中に広まっている。しかし、公共投資による公債負担が現在あるとしても、公共投資による社会資本が将来にわたって負担を超える便益を発揮し続けるとすれば、公共投資による財政赤字は将来世代にとって負担とはならないことも考える必要がある。

　「コンクリートから人へ」は、公共事業を減らして社会保障や子育て支援に財源を振り向けようと民主党が平成21（2009）年の総選挙で掲げたキャッチフレーズである。公共投資を削減して、教育や医療、福祉への予算配分を増やすことを主張して、多くの国民に受け入れられたが、このことは将来の子や孫が生きる基盤となる社会資本整備よりも、自分が受け取る目先の手当てを重視する日本人が多いことを示していた。

　1990年代以降、公共投資が経済発展に十分に貢献することができなかっ

たことが、このような政治的なスローガンを生み出した一因になっている
と考えられるが、国の経済発展のためには産業基盤や生活基盤といった社
会基盤を整備するための公共投資が必要であり、一般に公共投資により経
済発展が実現すれば税収が増えるので社会保障や子育て支援のための財
源も確保することができる。このため、公共投資が国の経済発展に貢献す
る場合には、公共投資か社会保障かという二者択一の問題にはなり得ない。

　経済状況が悪くなると、公共投資と社会保障のどちらをとるかというよ
うに、これとあれのどちらをとるかという二者択一の議論が行われること
がある。公共投資の現場でも、開発を重視するのか、環境を重視するのか
という選択が行われ、それまで進めていた公共投資が選挙により中止され
たり、縮小されることもある。公共投資が経済発展に貢献して税収が増え
れば社会保障にとっても良好な状況になり得るので、単年度や短期間でど
ちらをとるのかという選択をするのではなく、公共投資により国が長期的
に発展し続けることが大事だということになる。

　それにもかかわらず、公共投資が政争の具とされることなどによって、
社会資本の整備が遅れ、地域が発展する機会を逸することは過去に幾度と
なく経験されてきた。損失を被るのは地域の住民である。国の指導者には、
大所高所から地域の発展、国の発展にとって何が必要なのかを判断するこ
とが求められる。

　民主主義社会では、いろいろ考え方が自由に議論される。公共投資が悪
だという考え方も、公共投資は削減すべきだという考え方も議論される中
で、経済発展に貢献する公共投資は国の発展のために必要であり、現時点
で公共投資のために公債を発行しても、将来にわたって負担を超える便益
が発揮され続ければ将来世代の負担にはならないという考え方について、
国民の理解を得ることが重要である。

(2) 世のため人のための土木公債

　土木事業に関する公債政策を最初に考えたのは大久保利通であり、西南
戦争後の日本の内政を充実させるために公債政策が用いられたという。

　公債募集が公開される直前に、案ずる人々が大久保のもとにやってきて、「借りたら返さなければならぬ、政府といふものは、商売をして居るのぢやない。税金によって立つて居る。而もその税金には、余裕のある訳がない。若し返せなかつたら、どうするか。」などと反対意見を述べた。それに対して、大久保は「返すことが出来なければ、返さなくてもいい」「公債証書を持たうといふ人は、生活に豊かな人とか、余分の金がある人とか、兎に角、中産以上の者が持つのである。仮にこれが回収が出来なくても、翌日から路頭に迷ふやうな人は1人もない。その公債で集つた金で、茲に土木工事を起し、或は殖産興業の途を開き、或は交通の便を図るやうにすれば、これによつて得る一般の人の利益といふものは、何百万、何千万といふものであつて、それが軈て、国の富を増すのである。そしてこれによつて助かる者は、中流以下の人である。これだけの事業に対して、一時、公債の名で、富のある者が立替へて置く、お国の為に出すのだ。又場合によれば、もう要りませぬといふて、返済を求めぬ篤志家が、出て来ないという訳でもない。公債といふものは、払へなければ返さなくてもいい。国民と政府との間柄ではないか、俺はさう考えて居る」と答え、談判に行った者は引き下がったという。[11]

　明治11（1878）年に政府が1,250万円の公債募集を発表したところ、応募金額は募集の約2倍に相当する2,477万円に達した。公債により国民から集められた1,250万円は土木工事のもとになり、殖産興業の計画が立てられた。それは、新潟と野蒜の築港、宮城・山形・岩手・秋田・福島・米沢に至る道路整備、清水峠の国道開通工事、京都〜大津間の鉄道の測量・建設、敦賀〜大垣間及び東京〜高崎間の鉄道の測量、安積疏水工事などに使われた。

　大久保には土木工事によりめざす国の姿があった。明治11（1878）年に東京の紀尾井町清水谷で暗殺されたが、その暗殺理由の一つに「不急の土功を興し、無用の修飾を主とし、国財を徒費する」というものがあった。[12] 暗殺者は、大久保による土木事業が明治以降の日本の礎を築くことになるという見通しを持つことができなかった。また、暗殺者は、大久保が資金の足りない土木事業に私財を投じていただけでなく、個人で借金をしてい

たことも知らなかったのだろう。

　大久保には武士道に根ざした滅私奉公の精神が貫かれていたために、土木公債にも世のため人のためという利他の思想が込められていたと考えられる。明治初期の政府に財源がない時に、将来の国づくりのために土木公債を発行するのだから、資産家は返済を期待せずに土木公債に資金を提供すべきだ、目先の損得勘定にこだわるべきではないと大久保は考え、自らも実践していたと理解される。

　今日では目先のことが重視され、費用対効果という言葉が象徴するように投資には見返りが必要だという考え方が強まっている。しかも、長期ではなく、短期間に儲けがあるかないかが投資の判断基準になっている。このままでは日本は衰退していく。公共投資は国の発展の礎を築くものである。100年先の日本のために、あるべき国の姿を描いて必要な投資を行い、国を発展させていくことが求められている。

＜注＞
1) 山本基「社会資本整備と国づくりの思想」172-176頁
2) 愛媛県史編さん委員会編「愛媛県史　地誌Ⅱ（東予東部）」609頁
3) 四国中央市編「四国中央市工業振興ビジョン」48-50頁
4) 「伊予三島市史　中巻」では、紀伊為一郎が県庁との交渉のため当時貴重であったオートバイを購入して松山まで通ったことや中央政界との交渉に当たっても私費を投じて取り組んだことなどを紹介し、疎水事業の基礎づくりに貢献した紀伊為一郎に敬意を表するとしている（伊予三島市史編纂委員会編「伊予三島市史　中巻」907-912頁）。
5) 「四国中央市銅山川・富郷工業用水道事業の紹介」（日本工業用水協会編「工業用水No.589」2008年7月、48-49頁）
6) 工業用水の取水量及び対象給水工場の数は、四国中央市ホームページ（平成30年4月1日現在）による。
7) 伊予三島市史編纂委員会編「伊予三島市史　中巻」431頁
8) 愛媛県史編さん委員会編「愛媛県史　地誌Ⅱ（東予東部）」657頁
9) 愛媛県史編さん委員会編「愛媛県史　資料編　現代」779頁
10) 国土交通省四国地方整備局「四国水文観測体験集～四国の川を見守り続けた人々の記録～」
11) 伊藤仁太郎「大久保公と土木公債」（土木学会誌第20巻第5号）483-493頁
12) 勝田孫弥「大久保利通伝　下巻」775頁

参考文献

第1章

経済企画庁「経済白書」(各年度)、内閣府「経済財政白書」(各年度)

小宮隆太郎「現代日本経済－マクロ的展開と国際経済関係－」
　(東京大学出版会、1988年)

野口悠紀雄「戦後経済史」(東洋経済新報社、2015年)

大守隆編「日本経済読本(第21版)」(東洋経済新報社、2019年)

日本土木史編集委員会編「日本土木史－昭和16年～昭和40年－」
　(土木学会、1973年)

日本土木史編集委員会編「日本土木史－昭和41年～平成2年－」
　(土木学会、1995年)

日本土木史編集特別委員会編「日本土木史－平成3年～平成22年－」
　(土木学会、2017年)

竹内良夫「港をつくる－流通・産業から都市活動へ－」(新潮社、1989年)

高橋裕「現代日本土木史　第二版」(彰国社、2007年)

山本基「社会資本整備と国づくりの思想」(亜紀書房、2014年)

鬼頭宏「図説人口で見る日本史」(PHP研究所、2007年)

経済企画庁「公共投資基本計画」(1997年)

経済企画庁「全国総合開発計画」(1962年)

経済企画庁「新全国総合開発計画」(1969年)

田中角栄「日本列島改造論」(日刊工業新聞社、1972年)

国土庁「第三次全国総合開発計画」(1977年)

国土庁「第四次全国総合開発計画」(1987年)

国土庁「21世紀の国土のグランドデザイン」(1998年)

国土交通省「国土形成計画(全国計画)」(2008年)

国土交通省「国土のグランドデザイン2050」(2014年)

国土交通省「第二次国土形成計画(全国計画)」(2015年)

第2章

経済審議会「国民所得倍増計画」(1960年)

総合研究開発機構(NIRA)戦後経済政策資料研究会編「国民所得倍増計画
　資料　第19巻」(日本経済評論社、2000年)

エコノミスト編集部編「証言・高度成長期の日本（上）（下）」
　（毎日新聞社、1984年）

武田晴人「『国民所得倍増計画』を読み解く」（日本経済評論社、2014年）

野口悠紀雄「戦後日本経済史」（新潮社、2008年）

中村政則「戦後史」（岩波書店、2005年）

吉川洋「日本経済とマクロ経済学」（東洋経済新報社、1992年）

小峰隆夫「日本経済の構造変動」（岩波書店、2006年）

大来洋一「戦後日本経済論－成長経済から成熟経済への転換－」
　（東洋経済新報社、2010年）

伊東光晴「現代に生きるケインズ－モラル・サイエンスとしての経済理論－」
　（岩波書店、2006年）

山本基「社会資本整備と国づくりの思想」（亜紀書房、2014年）

経済企画庁「公共投資基本計画」（1997年）

石井寛治・原朗・武田晴人編「日本経済史5　高度成長期」
　（東京大学出版会、2010年）

内閣府政策統括官「地域経済レポート2001－公共投資依存からの脱却と雇
　用の創出－」（2001年）

小峰隆夫編「バブル／デフレ期の日本経済と経済政策　第1巻『日本経済
　の記録－第2次石油危機への対応からバブル崩壊まで－』、第2巻『日本
　経済の記録－金融危機、デフレと回復過程－』」（内閣府経済社会総合研
　究所、2011年）

第3章

伊藤元重「マクロ経済学　第2版」（日本評論社、2012年）

伊東光晴「現代に生きるケインズ－モラル・サイエンスとしての経済理論－」
　（岩波書店、2006年）

ケインズ（塩野谷祐一訳）「雇用・利子および貨幣の一般理論」
　（東洋経済新報社、1995年）

ハイエク（西山千明訳）「隷属への道」（春秋社、1992年）

ハイエク（渡部茂訳）「ハイエク全集第10巻　法と立法と自由Ⅲ」
　（春秋社、1988年）

森嶋通夫「思想としての近代経済学」（岩波書店、1994年）

伊東光晴「ケインズ」（岩波書店、1962年）

宇沢弘文「ケインズ『一般理論』を読む」（岩波書店、2008年）

間宮陽介「ケインズとハイエク－自由の変容－」（筑摩書房、2006年）

松原隆一郎「ケインズとハイエク－貨幣と市場への問い－」（講談社、2011年）

松尾匡「ケインズの逆襲　ハイエクの慧眼」（PHP研究所、2014年）

David Alan Aschauer "Is Public Investment Productive ?",Journal of Monetary Economics, Volume 23,Issue 2,March 1989,Pages 177-200

インフラ政策研究会「インフラ・ストック効果」(中央公論新社、2015年)

吉野直行・中島隆信編「公共投資の経済効果」(日本評論社、1999年)

国土交通政策研究所「社会資本ストックの経済効果に関する研究－都市圏分類による生産力効果と厚生効果－」(2006年)

建設物価調査会総合研究所「社会資本のストック効果に関する研究」(2010年)

経済産業研究所「社会資本の生産力効果の再検討」(2013年)

高橋裕・石綿知治・小寺重郎「土木工学概論　第2版－土木とは何か－」(森北出版、1993年)

高橋裕「現代日本土木史　第二版」(彰国社、2007年)

長尾義三「土木計画序論－公共土木計画論－」(共立出版、1972年)

吉川和広「最新土木計画学－計画の手順と手法－」(森北出版、1975年)

藤井聡「土木計画学－公共選択の社会科学－」(学芸出版社、2008年)

藤井聡「改訂版　土木計画学－公共選択の社会科学－」(学芸出版社、2018年)

国土交通省河川局「治水経済調査マニュアル（案）」(2005年)

国土交通省道路局、都市局「費用便益分析マニュアル」(2018年)

日本道路協会「道路の長期計画」(2014年)

経済企画庁「全国総合開発計画」(1962年)

経済企画庁「新全国総合開発計画」(1969年)

国土庁「第三次全国総合開発計画」(1977年)

国土庁「第四次全国総合開発計画」(1987年)

国土庁「21世紀の国土のグランドデザイン」(1998年)

国土交通省「国土形成計画（全国計画）」(2008年)

国土交通省「国土のグランドデザイン2050」(2014年)

国土交通省「第二次国土形成計画（全国計画）」(2015年)

第4章

山本基「社会資本整備と国づくりの思想」(亜紀書房、2014年)

伊予三島市史編纂委員会編「伊予三島市史　中巻」(伊予三島市、1986年)

伊予三島市史編纂委員会編「伊予三島市史　下巻」(伊予三島市、1986年)

川之江市誌編さん会編「川之江市誌」(川之江市、1984年)

新宮村誌編纂委員会編「新宮村誌　歴史行政編」(新宮村、1998年)

四国中央市編「四国中央市工業振興ビジョン」(四国中央市産業活力部産業支援課、2010年)

大王製紙社史編纂委員会編「大王製紙50年史」（大王製紙株式会社、1995年）

丸住製紙百年史編纂委員会編「丸住製紙百年史」（丸住製紙株式会社、2019年）

愛媛県史編さん委員会編「愛媛県史　近代下」（愛媛県、1988年）

愛媛県史編さん委員会編「愛媛県史　地誌Ⅱ（東予東部）」（愛媛県、1988年）

愛媛県史編さん委員会編「愛媛県史　資料編　現代」（愛媛県、1988年）

建設省四国地方建設局松山工事事務所編「松山工事四十年史」
　　（四国建設弘済会、1985年）

四国地方建設局吉野川ダム統合管理事務所・柳瀬ダム管理支所編「柳瀬ダ
　　ム完成40周年記念誌　金砂」（1994年）

国土交通省四国地方整備局吉野川ダム統合管理事務所・柳瀬ダム管理支所
　　編「柳瀬ダム50周年記念誌」（2004年）

吉野川総合開発史編集委員会編「吉野川総合開発史」（1979年）

合田正良編「銅山川疏水史」（愛媛地方史研究会、1966年）

水資源開発公団池田総合管理所富郷ダム管理所編「富郷ダム工事誌」（2003年）

運輸省第三港湾建設局松山港工事事務所編「50年のあゆみ」（1994年）

四国鉄道75年史編さん委員会編「四国鉄道75年史」
　　（日本国有鉄道四国支店、1965年）

四鉄史編集委員会編「四鉄史」（四国旅客鉄道、1989年）

国土交通省四国地方整備局編「四国水文観測体験集〜四国の川を見守り続
　　けた人々の記録〜」（2004年）

伊藤仁太郎「大久保公と土木公債」（土木学会誌第20巻第5号、1934年）

勝田孫弥「大久保利通伝　下巻」（臨川書店、1970年）

あとがき

　高度経済成長期には、経済計画が要求した社会資本の充実という課題に土木が対応し、産業基盤や生活基盤を築くことにより、経済と土木は密接に関連していた。その後時代の変化とともに経済と土木の関わりは薄れていき、1990年代には公共投資基本計画に基づく公共投資やバブル経済崩壊後の景気対策としての公共投資が行われたが、景気回復にはつながらず、国と地方自治体の財政悪化を招いて公共投資批判や公共投資の削減が行われるようになった。この過程で、公共投資により産業基盤や生活基盤といった社会資本の整備を行うことが国づくりの基礎であるという考え方が薄らいできた。

　公共投資批判が強まり、公共投資が抑制される中で、戦後の国土計画がめざしてきた国土の均衡ある発展からの方向転換が図られ、公共投資は既存の大都市圏を中心に効率性を重視して進められることになった。このため、人口や需要が少ない地方では、防災・減災の視点で現在ある人命や資産を守るため、あるいは社会資本の空白地域を埋めるナショナルミニマム充足のための公共投資は行われるとしても、開発により新たな地域を創造するための公共投資を行うことは難しい状況になってきている。

　また、高度経済成長期には国の指導者が国民の潜在的な力を理解して、国民に対して将来目標を示し、経済計画と土木計画が連関して計画的に公共投資を行い、公共投資を経済発展につなげる国づくりを進めていたが、1980年代後半頃から政府の関与を少なくし、市場経済に委ねるのがいいという考え方が強まったことから、公共投資の計画性が排除されるようになり、今日では公共投資はその時々の経済財政状況を勘案して経済財政主導で扱われるようになってきている。計画や目標が十分に示されない状況では、

公共投資に対する国民の理解や支持を得ることは難しい。

　公共投資の役割は、目標とする将来の国の姿に向けて、民間に任せていたのでは行われない分野で、将来の国づくりに向けて必要な産業基盤や生活基盤といった社会の土台となる社会資本の整備を行うことである。国が発展していくためには将来の国づくりに向けて産業基盤や生活基盤を整備するための投資が必要である。投資をしなければ、国は衰退していく。国が経済発展しないと国民は不安になり、消費や投資を差し控える。他方、経済発展が見込める時には、国民は期待を抱き、消費や投資に積極的になる。また、日本経済の発展は日本の相対的地位の上昇をもたらし、世界における日本の影響力を高め、より良い世界を実現するために日本が果たす役割を高めることにつながる。

　公共投資により整備される社会資本は、樹木に例えると根っこである。根っこがあるから樹木が成長し、葉が茂り、花が咲き、実がなる。それぞれの地域や人々が他力に依存するのではなく、持てる力を十分に発揮して自立していくためには、公共投資による社会資本整備が必要である。まずは日本の国土・国民には潜在的な力があるという認識に立ち、日本の将来のあるべき国の姿を描き、それを支える社会資本を整備するための公共投資のあり方を検討し、国民に示すことが重要である。その時に、国の発展という同じ目標に向かって経済と土木がベクトルを合わせることが求められている。

　本書の出版に当たっては、株式会社亜紀書房専務取締役の桜井和子氏はじめ皆様に大変お世話になった。心からお礼を申し上げたい。

　令和2年5月

　　　　　　　　　　　　　　　　　　　　　　山本　基

索　引

著者紹介	山本　基 (やまもと　もとい)
	株式会社　社会資本研究所代表取締役
	1954年北海道生まれ、高崎経済大学経済学部卒業、
	明治大学大学院政治経済学研究科博士後期課程単位
	取得退学、財団法人日本システム開発研究所を経て、
	2011年より現職、立命館大学非常勤講師等を歴任
	著書に「社会資本整備と国づくりの思想」ほか

公共投資をめぐる経済と土木

令和2年6月1日　初版発行

著　者	山本　基
	〒143-0025　東京都大田区南馬込4-23-13
	株式会社社会資本研究所
	電話　03(3772)9147
発　行	株式会社　亜紀書房
	〒101-0051　東京都千代田区神田神保町1-32
印　刷	株式会社　トライ
	http://www.try-sky.com